GAKKEN SPORTS BOOKS

みるみる上達！ バレーボール 基礎からマスター

順天堂大学男子バレーボール部前監督
蔦宗 浩二 著

Gakken

JN202658

個人テクニックを磨いて 強いチームをつくろう！

はじめに

バレーボールはコートという限られたスペースのなかで行う競技ながら、参加する選手全員にたくさんの運動量が求められるスポーツです。上達すればするほどラリーが続き、「つなぐことの楽しさ」や「得点を決めることの喜び」など、レベルに応じて楽しみ方が広がるスポーツともいえます。

バレーボールの入り口として、まず九人制に取り組んでみるのも良いでしょう。体育の授業などでバレーボールの楽しさに触れ、レベルがあがったら本格的に六人制にチャレンジすれば、競技としての特性や奥深さを知ることができます。

この本では、バレーボールの基本的なテクニックの習得や練習法から、試合で重要になるフォーメーションや戦術に至るまで幅広く網羅しています。「ARマーカー」が表示されているテ

クニック解説ページでは、スマートフォンやタブレット端末などで、練習している体育館でもすぐに動画を再生することができます。

　テクニックを習得するためのポイントや注意点は、本をよく読んで学び、テクニックの動作はレッスン映像を見て確認すれば、頭と体の理解スピードがアップするでしょう。

　また、はじめて試合に出場する選手

の手助けとなるような、「ルール解説」やバレーボール部の活動をより充実した内容にするための「強豪チームの部活運営法」も紹介しています。みなさんのレベルアップの手助けにしてください。

　この本がバレーボールを楽しむ選手や、選手育成に力を注ぐ指導者にとって、役立つ書になることを願います。

順天堂大学男子バレーボール部前監督　蔦宗浩二

CONTENTS

動画のご利用について
・2021年3月以降、動画はWeb上の下記サイトでご覧ください。
〈学研出版サイト／本書ページ〉http://hon.gakken.jp/book/2380043200
※学研出版サイトhttp://hon.gakken.jp/にて、商品検索で、本書「みるみる上達！
　バレーボール 基礎からマスター」のページを開くことができます。

この本の使い方

本書ではバレーボールのテクニックを習得するために、大切なポイントや注意点、練習方法などを解説しています。本を読み、写真や連動する「AR動画」を見ることで、スピーディーに内容を理解でき、テクニックを身につけることができます。

アンダーハンド
面をパスする先に向ける

1 両手を組んでヒジを張り、ボールをしっかり見る。

2 ボールの動きを見ながら、すばやく落下点に入り、やや前傾姿勢になる。

ヒザをつかって腰を落とす

タイトル
このページで解説するテクニック名と、マスターするうえでポイントになる内容が一目でわかるように表示されている。

ポイント図解
テクニックを習得する際に重要になる動作のポイントを、図解で示す。練習する際に意識すれば、上達のスピードがアップする。

解説文
テクニックの概要や具体的な体の動かし方などを、わかりやすく解説。しっかり読んで理解しておけば、正しいフォームが身につく。

腰を落として腕の面でミートする

腹の前辺りで両腕を伸ばして手を組み、ボールを体の正面で受けるのがアンダーハンドだ。もっとも基本的なパスであり、スピードのある強いサーブやスパイクをレシーブするときなどに適している。

ボールをよく見ながらフットワークをつかって落下点に入り、しっかり腰を落としてパスする相手に向き合うように構える。

ボールを体の正面でとらえ、手首とヒジの間でレシーブ面をつくり、そのまま面をパスする先に向けてボールをインパクトする。このときボールの勢いをレシーブ面で吸収することが大事。

スピードのあるボールは、軽く当てるだけで飛んで行くので、組んだ両腕のヒジはしっかりと伸ばし、スイングしない。

30

ポジション

このページで解説しているテクニックが特に必要なポジションは、アイコンで表示している。苦手なプレーを克服し、得意なプレーを伸ばしてレギュラーを目指そう。

AR動画でココをチェック

AR動画で解説している内容を紹介。動画のどのような部分をチェックするのか把握しておくと、動作の流れやポイントをイメージしやすくなる。

ARマーカー

「AReader」のアプリを立ち上げ、スマートフォンやタブレット端末で、マーカー部分にかざすと、プレーしているところやポイントを動画で確認できる。

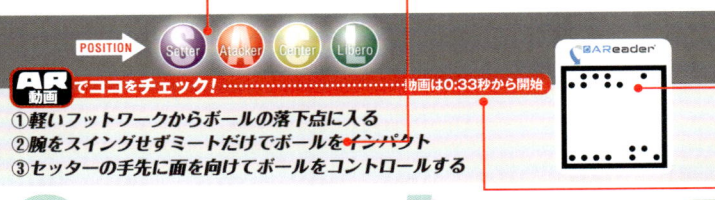

POSITION ▶ Setter Attacker Center Libero

AR動画でココをチェック！ ………… 動画は0:33秒から開始

① 軽いフットワークからボールの落下点に入る
② 腕をスイングせずミートだけでボールをインパクト
③ セッターの手先に面を向けてボールをコントロールする

動画開始時間

表示時間のないものは、ARマーカーにかざした後すぐに動画がスタートするが、動画開始時間があるレッスン映像は、秒数を合わせて動画をスタートさせる。

3 両腕でレシーブ面をつくり、パスする先に面を向ける。

レシーブ面でボールの勢いを吸収する

4 腕は振らずにミートを心がける。

ヒザを伸ばしてボールを送り出す

PART2 パス&レシーブを身につける

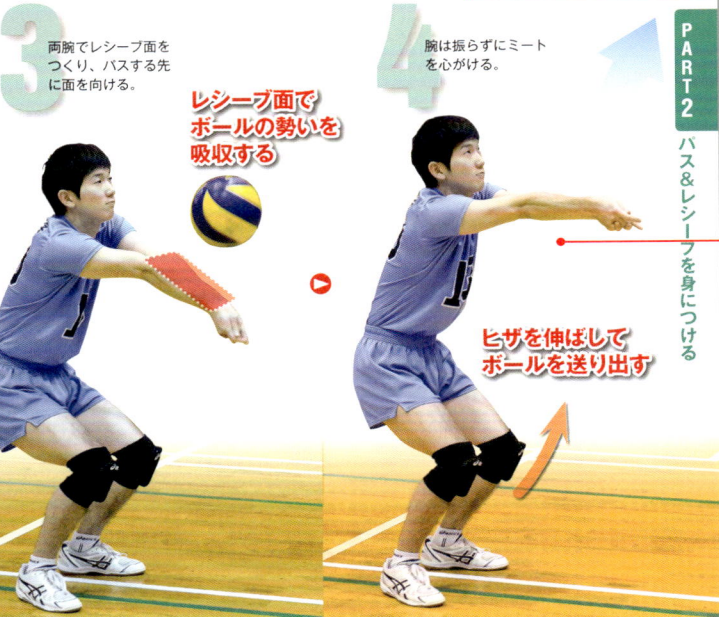

連続写真

動作の流れを連続写真で確認し、それぞれの段階での体の使い方やポイント、注意点が理解できる。しっかり理論を頭に入れておくと、正しいフォームが身につく。

LEVEL UP！

数センチの狂いもなくセッターにパスを送る

アンダーハンドはコントロールが大切。パスする先をセッターの手先に設定して、数センチの狂いもなくコントロールする。パスが少しでも乱れれば、セッターへのトスはもちろん、スパイクに狂いが生じる。レシーブ面をセッターの手先に向けておけばコントロールできる。

31

LEVEL UP!
CHECK!

テクニックをさらに磨くためのアドバイスや気をつけておきたいポイント、やってはいけない悪い例などを紹介。うまくプレーできないテクニックはしっかり読み込んで実践しよう。

レッスン映像の見方

ARとは、スマートフォンなどのカメラ機能で「ARマーカー」と呼ばれるマークを読み取ると、写真や文字、動画などが表示されるデジタル技術のこと。本書ページ内のARマーカーにスマートフォンをかざすと、その場でバレーボールのテクニックを動画で確認することができる。

STEP①
アプリのダウンロード

「Playストア」や「App Store」をタップし、「AReader」を検索する。検索結果から「AReader」をタップしたら、「インストール」をタップする。インストールが完了したら、「開く」をタップする。

STEP②
ARマーカーの読み取り方

読み取りたいARマーカーにスマートフォンをかざして写すと、コンテンツがダウンロードされ、動画が自動的にスタートする。

STEP③
動画がスタート!

画面を1度タップすると、下方にバーが表示され、閲覧したい動画の秒数まで、カーソルを移動することができる。

※ARマーカーには複数のレッスン映像が収録されているものがあります。本書にある「AR動画でココをチェック!」の動画開始時間を参照ください。使用端末によっては数秒の誤差が生じることがあります。

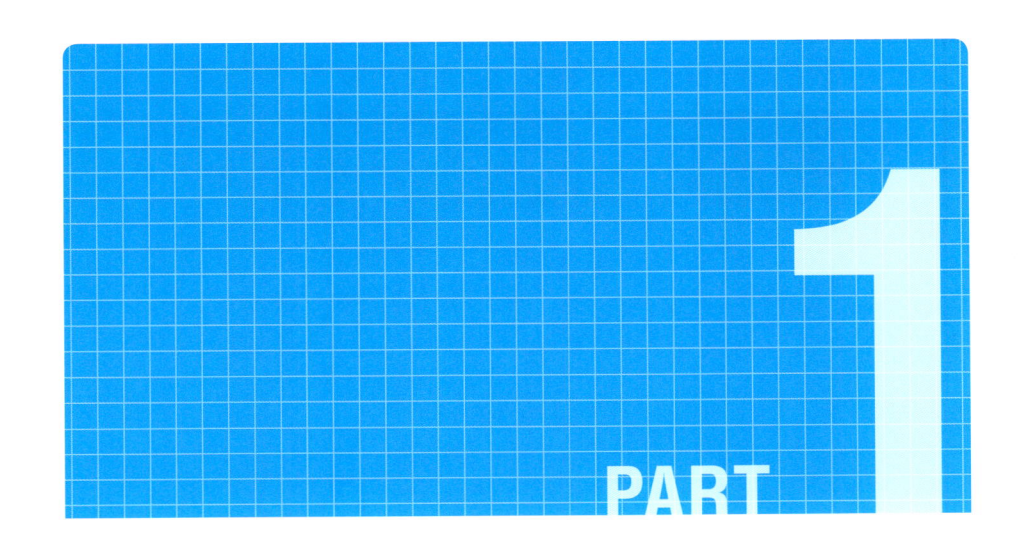

PART 1

バレーボールの魅力

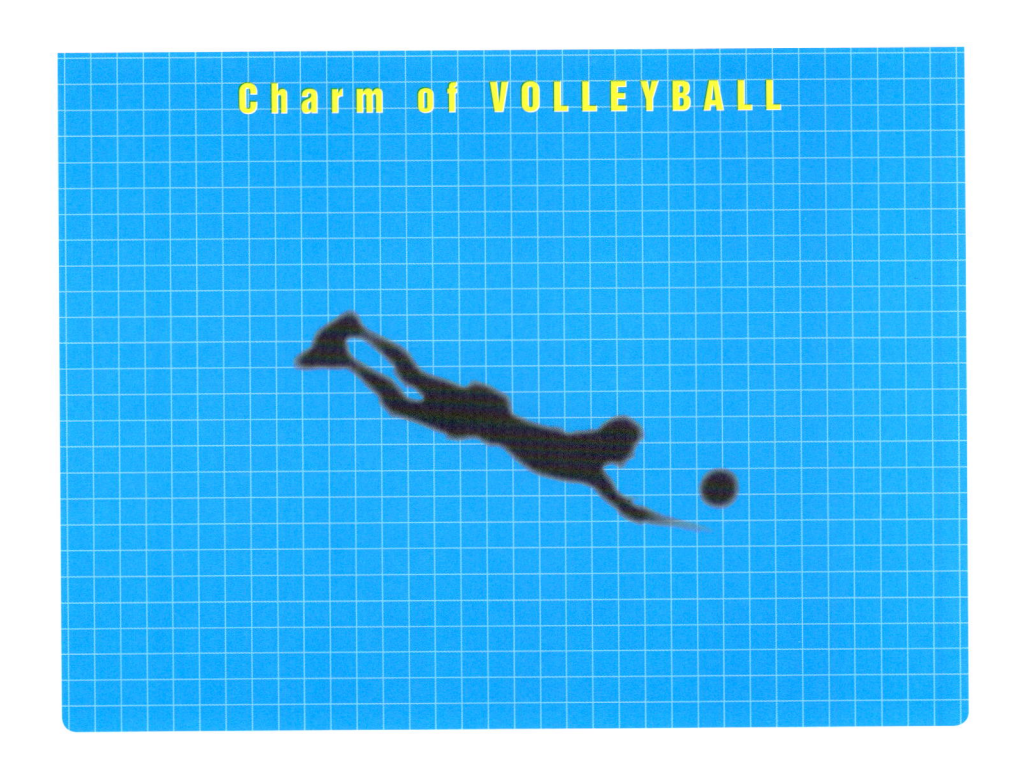

Charm of VOLLEYBALL

個々のレベルアップと
チームワークで
バレーボールは上達する！

人間性と運動能力を
高めてチームを強くする

　決定力のある絶対的なエースがいるだけでは、決して全国の頂点にたどりつくことはできない。「強いチーム」とは、一体どんなチームだろうか。

　エースアタッカーにトスを送るセッターの技術やセッターにつなぐレシーブの精度、さらに相手スパイクを止めるブロックなど、すべての分野においてハイレベルな戦いができることがカギを握る。

　そのためにチーム全体の実力の底上げはもちろん、人間関係が良好であることが求められる。チームの風通しがよく、必要のない上下関係やしごきがなければ、選手全員がプレーに集中でき、純粋にバレーボールを楽しむことができる。

　このような雰囲気をつくるためにも日々の練習やトレーニングの管理、チームとしての方向性や目標設定をあらかじめできるチーム体制が必要になる。これらの継続により、個々の選手が自覚し、プレーヤーとして自立できるスペシャリストのチームに進化していくのだ。

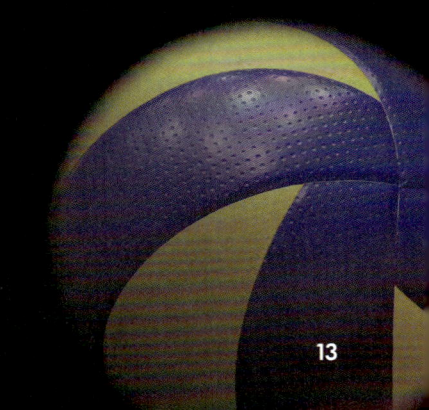

強いチームをつくるためにも個々のレベルアップは欠かせない。とりわけ基本となる個人テクニックは、総じて全員がマスターすることでチーム全体の底上げにつながる。

　その証拠にオールラウンダーといわれるスパイクも打ててブロック、レシーブもこなせる選手が多いチームは、粘りと底力、対応力がある。そのようなチームは本番でも大崩れすることなく、いつもの実力を発揮できる。

　スペシャリストを育てる前に、まず基本プレーがしっかりできるオールラウンダーを育て、そのような選手が何人いるかでチームの良し悪しは決まるといえるだろう。

　そして、身体的な特徴や運動能力を最大限にいかし、サーブやレシーブ、スパイクやブロック、戦術などで特化した力を発揮できる選手がチームの核となっていく。

　これら優れた選手はスターティングメンバーに名をつらね、勝負どころでも活躍しなければならないレギュラーたちだ。それゆえにスパイクやブロック、トス、レシーブのそれぞれのテクニックにおいて、優れた力を持つことが求められる。

　次ページ以降では各ポジションの特徴や適性、ポジションを担う選手の能力や性格についてみていく。

試合で活躍できるレギュラーになれる選手になろう！

セッター

①チームの攻撃を先導する技術力
②臨機応変に状況判断できる戦術眼
③どこからでも精度の高いトスをあげられる技術

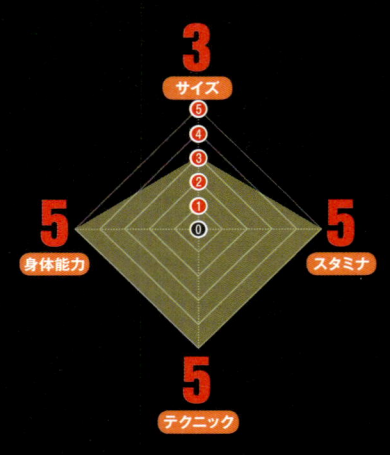

サイズ **3**
身体能力 **5**
スタミナ **5**
テクニック **5**

　チームをつくるにあたり最初に決めなければいけないポジションは、セッターだ。それぐらい重要なポジションであり、細かなボール操作を行うため、ほかのポジションよりも優れた身体能力が必要。マット運動がチーム内で一番上手な選手が潜在的な能力を持っている。

アタッカーと
呼吸を合わせてトス

レシーブを受けて
正確なトスをあげる

状況を把握しながら攻撃パターンを構築する

相手の裏をついて
攻撃を組み立てる

苦しい体勢からも
味方にトスする

バレーボールの試合において、司令塔の役割を担うポジションがセッターだ。セッターの仕事は、レシーバーのパスしたボールをアタッカーのスパイクしやすい位置にトスをあげること。つまりチームの攻撃のほとんどは、セッターを経由して行われるため、セッターの能力がチームの得点パターンの多さに直結するともいえる。

スパイカーへ精度の高いトスをあげる技術はもちろん、体勢が崩れても好トスをあげられる身体能力の高さ、さらにコート内でチームメイトの動きを把握しつつ、臨機応変に状況を判断する力が求められる。

サイドアタッカー

A Atacker

①常にスパイクを決められる得点力
②どんな体勢からもスパイクが打てる身体能力
③力強いスパイクが打てるスイング能力

4
サイズ
⑤
④
③
②
①
0

5
身体能力

4
スタミナ

4
テクニック

サイドアタッカーは、ボールを投げる能力があるかが重要。幼少期から野球などに取り組んでいる選手は、自然にボールをとらえる感覚が身についている。肩や腕の筋肉が発達しているので強いスパイクが打てる。勝負どころでも力を発揮できる強い精神力も必要。

どこからでもスパイクを決める

ブロックとの駆け引きに勝つ

スパイクを決めて
チームに得点をもたらす

勝負どころで
スパイクを決める

力強い
スパイクを打つ

スパイクとはチーム全員でつないだボールを、相手のコートに打ち込んで得点につなげるプレーのことである。このスパイクを打ち込み、直接点を取りにいくための役割を担うのがアタッカーだ。アタッカーは数多くの種類のスパイクを習得し、どんな状況でも効果的なスパイクを打つことができる能力が求められる。

また、トスが乱れても正しいフォームを維持するための全身の筋力も必要で、長身でジャンプ力があればプレー上、有利に働く。たとえ得点できなくても、次のプレーまで引きずらないような強い精神力も求められ、チームの勝利のカギを握っているといえる。

PART1 バレーボールの魅力

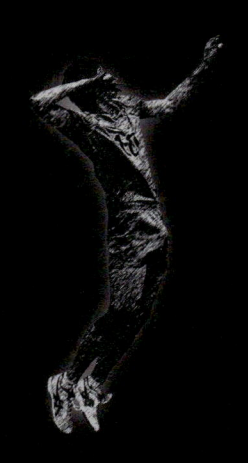

センター

Center

① 相手ボールをブロックして阻止する
② セッターと息を合わせ精度の高いスパイクをする
③ 背が高くて腕の長い、跳躍力で勝負できる

5 サイズ

4 身体能力

3 スタミナ

3 テクニック

センターは、背が高く腕が長いことが何よりも有利。それに加えて、ブロックをしっかり飛び続け、セッターが上げるクイックのトスにも対応できる跳躍力が必要だ。性格的には地道なプレーをコツコツ継続できる真面目なタイプの選手に向いている。

相手スパイクをブロック

前衛3人でシステマチックに動く

長身を生かせる
重要な守備ポジション

ブロックの主導役となる

速攻などで攻撃にも貢献する

　コートの中心にいて、相手のボールをブロックする役割を担うのがセンターだ。相手のセンターをマークするだけでなく、相手レフトやライトのスパイクにも対応しなければならず、ブロックにおいて中心的な役割を果たす。そのためセンターには相手の攻撃を阻止する根気強さが必要で、攻撃面においてもセッターが上げるトスを確実に決める堅実さが求められる。

　ブロックの役割を果たすためには、背が高くて手の長い選手の方が、プレー上、格段に有利になる。身長が高ければ高いほど有利だが、サイズがなくてもステップを工夫することで役割を担うことができる。

リベロ

L Libero

①どんなボールも確実にレシーブする技術
②ボールに対する俊敏な反応と瞬発力
③基本に忠実で粘り強いプレーと精神力

3
サイズ

⑤
④
③
②
①
⓪

4
身体能力

4
スタミナ

4
テクニック

　リベロに求められるのは、おもにレシーブする能力のため、ブロッカーのように背は高くなくても構わない。スパイクに対する反射神経や「どんなボールでも拾うんだ！」という強い気持ちがあることが重要。バレーの基本がしっかりできているが、どうしてもサイズが足りない選手が適任といえる。

レシーブを
先導する

味方に
ボールをつなぐ

LIBERO

どんなボールも拾える高い能力と強いメンタル

セッターに正確に返すレシーブ

ギリギリのボールを拾う

レシーブが苦手な選手が後衛に回ったり、試合展開でチームのレシーブを強化したい場面で活躍するのがリベロの選手だ。

交代できるのは後衛のプレーヤーのみだが、審判の許可なく何度でもコートに出入りできるという特徴がある。ただし、他のプレーヤーとは違う色のユニフォームを着用する、チームキャプテンを務められない、レシーブ以外は行っていけないという決まりがあるが、チームに欠かせない存在といえる。

「身長は高くないが技術がある」「反射神経や瞬発力に自信がある」という選手に適したポジションで、どんなボールも絶対に拾うという強いメンタルを持つことが大切だ。

オールラウンダー

① 高いレベルの基本技術がある
② ローテーションで中核を担う
③ チームの底上げに貢献する

4 サイズ

3 身体能力

3 スタミナ

4 テクニック

オールラウンダーは、「トス」「スパイク」「ブロック」「レシーブ」という、バレーボールすべての技術を平均値以上でプレーできる選手が担うポジションである。ローテーションというルールを考え、チームマネージメントを成功させるためにも必要な存在だ。

力強い精度の高い
サーブを打つ

裏をついて
スパイクを決める

基本技術をマスターして
どんな局面にも対応する

テクニックで
相手ブロックをかわす

スパイカーの
おとりとなる

オールラウンダーとは、「セッター」「アタッカー」「センター」「リベロ」が担う役割をすべて担うことができる、あらゆる技術を持ったプレーヤーのことであり、チームづくりに欠かせない存在だ。

バレーボールは先述した4つのポジションに分かれているが、6人制ルールにおいては、チームに2～3人のオールラウンダーが必要になる。

初心者の場合はまず基本技術を高め、すべてのポジションをこなせるオールラウンダーを目指すことが上達の鉄則。ある程度の技術に達したところで、各専門ポジションにシフトしていくことが、より高いレベルで能力を伸ばすことにつながる。

バレーボール上達の流れ

バレーボールの技術を習得するためには、まず基礎をマスターすることが大切だ。基本のテクニックを着実に積み重ねていくと、さらに応用のテクニックが身につく。そうすることで個人テクニックだけでなく、チームプレーを意識するところまで発展し、チーム全体のレベルアップにつながるのだ。

個人テクニックをマスターする

パスやレシーブ、スパイク、サーブ、ブロックなど、基礎となる技術をしっかりと身につけよう。正しい構えや動作などを体で覚えれば、どんなプレーにも対応できる。

→PART2、3、4、5参照

ポジションに特化したテクニックを磨く

運動能力や身体的特徴から適性を見極めて、自分のポジションを決める。役割を意識して必要なテクニックを練習すれば、レギュラー獲得がみえてくる。

→PART2、3、4、5参照(各ポジションのアイコンを確認)

コンビネーションやチーム戦術を高める

個人的なテクニックが身についたら、試合に勝つためのチームプレーを取り入れた練習をしよう。チームフォーメーションや戦術を高め、試合相手に勝ち切ろう。

→PART6参照

日々の練習を管理し、目標を定める

チームの力を高めるためには、効果的な練習方法を取り入れること。さらに目標を定めて、毎日どのようなメニューを組めば良いか考える。さらに本番に備えてルールをしっかり理解しておくことも大切だ。

→各PART練習ページ、PART7、8参照

チーム全体の強化
LEVEL UP！

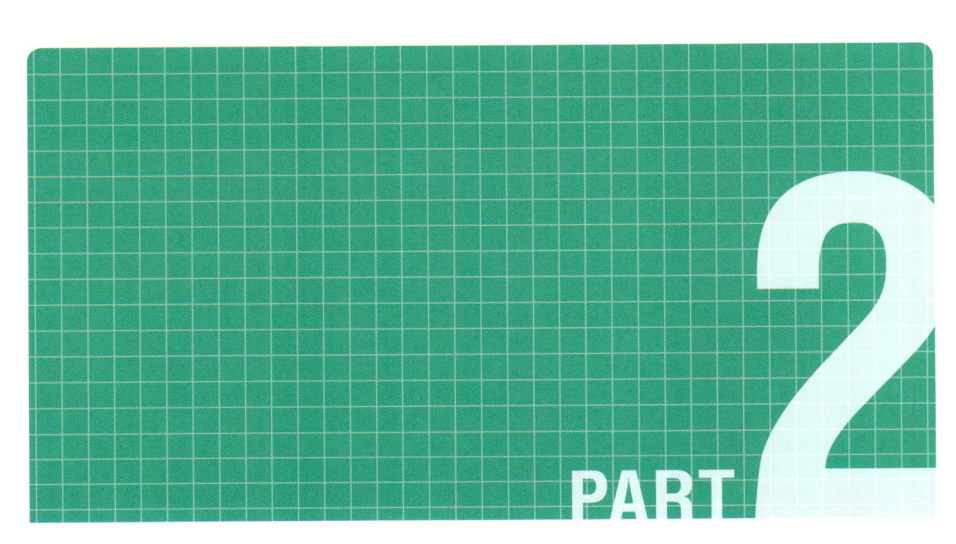

PART 2

パス＆レシーブを
身につける

PASS & RECEIVE

正しい構えでボールを待つ

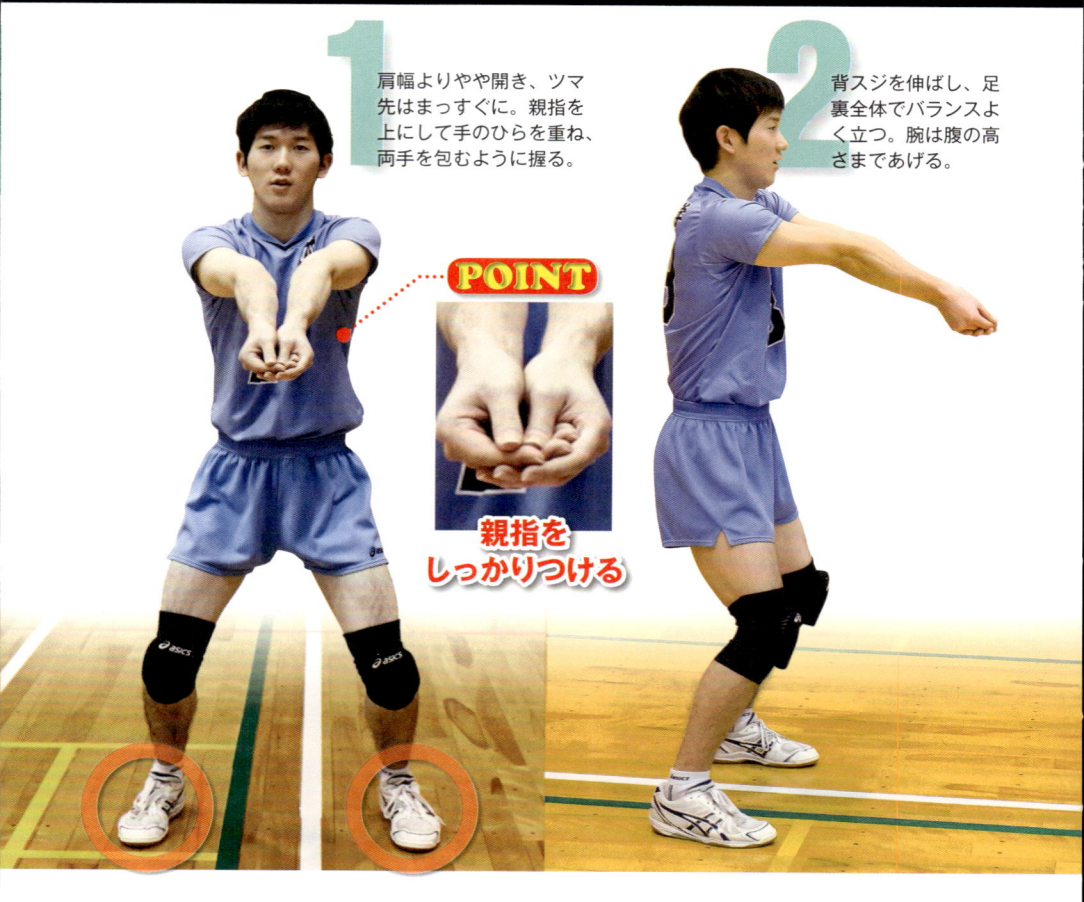

1 肩幅よりやや開き、ツマ先はまっすぐに。親指を上にして手のひらを重ね、両手を包むように握る。

2 背スジを伸ばし、足裏全体でバランスよく立つ。腕は腹の高さまであげる。

POINT

親指をしっかりつける

面をつくりあらゆるボールに対応する

　バレーボールは、ボールをコートに落としたり、三回以内のボールタッチで相手コートに返球できないと失点になる。

　失点を防ぐためには、ネットを越えてきた相手コートからのボールを味方選手につなぐことが大切だ。特にアンダーハンドパスは、サーブやスパイクのレシーブはもちろん、味方同士のパス交換で最も使われる

テクニックなので、正しい構えをマスターしておきたい。

　ボールを受けるレシーブ面は、手を組んで両腕をつける。ヒジがつくように**ヒジを張って、ワキを締めて手首上からヒジ下で面をつくる**。この構えはパスやレシーブの基本となる形なのでしっかりマスターしてさまざまな技術に応用していこう。

AR動画でココをチェック！
①構えの立ち方と腰の高さ
②両腕でつくるレシーブ面
③両手の組み方

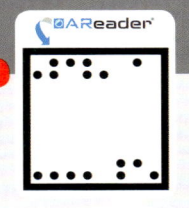

ツマ先が開くと、ボールに対して上半身の動きが大きくなりミスにつながる。

ヒザが大きく曲がり、ツマ先に重心が乗りすぎると体が安定しない。

BAD

NG

**人差し指が
出ていると
ケガの要因に**

**ヒザが曲がりすぎると
体が安定しない**

CHECK!

面を意識することで
ボールをコントロールする

アンダーハンドパスの構えでしっかり面ができていないと、丸いボールは思った方向に飛んでくれない。両腕でつくった面を意識して、ボールをミートして返したい方向に面を向けていく。これがサーブやスパイクレシーブにもつながるボールのとらえ方となる。

**両腕で
面を作る**

29

面をパスする先に向ける

1 両手を組んでヒジを張り、ボールをしっかり見る。

2 ボールの動きを見ながら、すばやく落下点に入り、やや前傾姿勢になる。

ヒザをつかって腰を落とす

腰を落として腕の面でミートする

　腹の前辺りで両腕を伸ばして手を組み、ボールを体の正面で受けるのがアンダーハンドだ。もっとも基本的なパスであり、スピードのある強いサーブやスパイクをレシーブするときなどに適している。

　ボールをよく見ながらフットワークをつかって落下点に入り、しっかり腰を落としてパスする相手に向き合うように構える。

　ボールを体の正面でとらえ、手首とヒジの間でレシーブ面をつくり、そのまま面をパスする先に向けてボールをインパクトする。このときボールの勢いをレシーブ面で吸収することが大事。

　スピードのあるボールは、軽く当てるだけで飛んで行くので、組んだ両腕のヒジはしっかりと伸ばし、スイングしない。

AR動画でココをチェック！ ………………………… 動画は0:33秒から開始

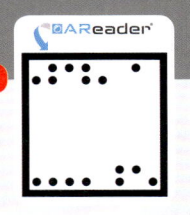

① 軽いフットワークからボールの落下点に入る
② 腕をスイングせずミートだけでボールをインパクト
③ セッターの手先に面を向けてボールをコントロールする

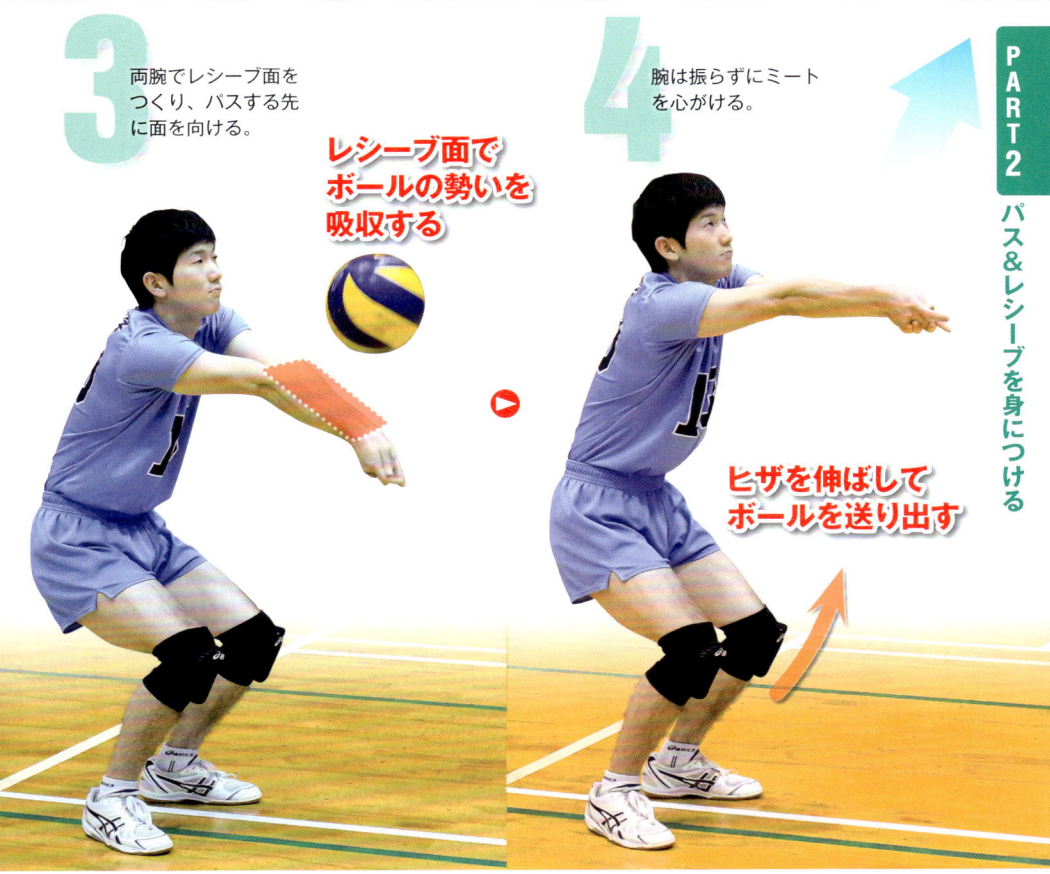

3 両腕でレシーブ面をつくり、パスする先に面を向ける。

レシーブ面で
ボールの勢いを
吸収する

4 腕は振らずにミートを心がける。

ヒザを伸ばして
ボールを送り出す

PART2 パス&レシーブを身につける

LEVEL UP!

数センチの狂いもなく
セッターにパスを送る

アンダーハンドはコントロールが大切。パスする先をセッターの手先に設定して、数センチの狂いもなくコントロールする。パスが少しでも乱れれば、セッターへのトスはもちろん、スパイクに狂いが生じる。レシーブ面をセッターの手先に向けておけばコントロールできる。

オーバーハンドパス
ボールをとらえて弾き飛ばす

1 足を動かしてすばやくボールの落下点に入り、肩幅程度に足を開く。

両手を顔の前で構える

ヒザを曲げてボールを待つ

2 ボールをしっかり見ながらヒザを曲90°程度げて、ボールを待つ。

ヒジは90°を目安に開く

手のなかにボールが入った瞬間、弾き飛ばす

　セッターがトスをあげるときに、よく使うのがオーバーハンドパスだ。頭より高い位置のボールをパスでつなぐときに適しており、両手のひらでボールを受けるので、パスの精度が高く、安定感のあるプレーが可能になる。

　レシーブ後などでボールが高くあがったら、すぐにボールの落下地点まで移動する。

額より上の位置で両手のひらをかざすように構えてボールをとらえる。このとき、ヒジとヒザを少し曲げることがポイント。ボールをとらえたらヒジとヒザのバネを使って、指先でボールを上方向へ弾き飛ばす。

　ダブルコンタクトの反則にならないように、手のなかにボールが入った瞬間にボールを弾き飛ばすイメージを持とう。

AR動画 でココをチェック！ ……………………………………

①ボールの落下点に入るタイミングとフットワーク
②両手でボールをとらえて弾く感覚
③弾いたパスの勢いとボールの軌道

PART2 パス&レシーブを身につける

3 両手でボールをとらえたら、弾くようにボールを飛ばす。

POINT

ボールを包むようにとらえる

4 弾くと同時にヒザのバネを使ってボールに勢いをつける。

ヒザのバネを使ってボールに勢いをつける

**CHECK!**

両手を「丸形」にしてボールを包むように

ボールをとらえる際は、両手とボールの接地面を大きくし、パスの精度をより高くするために「円形」をつくることが理想だ。両手で「おむすび形」をつくるのは誤り。二つを比べてみると、「おむすび形」の方がボールに対する接地面が小さくコントロールが難しい。

○

ボールとの接地面が大きければ、パスの方向性が安定する。

× **BAD**

アンダーハンドでサーブを受ける

1 両手を組んですばやくボールの落下点に入る。このときツマ先とレシーブ面をセッターに向ける。

2 両腕の面をセッターに向けて、勢いを吸収するようにボールのミートを心がける。

レシーブ面を
セッターに向ける

ボールの勢いを
吸収する

ボールの落下点に
移動する

相手サーブを正確にセッターに返す

　相手のサーブを確実に受け、トスにつなぐのがサーブレシーブだ。サーブレシーブの基本はアンダーハンドになるため、アンダーハンドパスの技術を応用する必要がある。相手がサービスエリアで構えたら、どの位置にボールがきても受けられるよう神経を集中し、腰をやや落として構える。

　正確に体の正面でレシーブするためには、ボールがネットを越えてから移動するのではなく、相手サーバーの動きやサーブの軌道を見て動くことが大切。**ボールの落下地点にすばやく移動できるように、前後左右のフットワークを駆使しよう。その際、体を上下させないように注意する。**

　また、ツマ先とレシーブ面をセッターに向けて構えることがポイントだ。

AR動画でココをチェック! ……………………… 動画は1:37秒から開始

①サーブに対してのフットワークの使い方
②フットワーク中の目線の維持の仕方
③両腕の面でボールをとらえてコントロールする

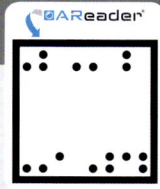

3 セッターの構えたところに寸分の狂いのもなくパスを送る。このとき腕は振らず、ヒザを伸ばしてボールを送る。

BAD

ボールの落下点に入り、インパクトする過程で体が上下し目線が動くと、パスの乱れにつながる。

目線が動くとミスにつながる

ツマ先はパスの方向に向ける

CHECK!

上半身だけでなく足の動きに気を配る

ヒザを曲げすぎたり、両足のツマ先が割れてしまうとレシーブの安定感がなくなる。ヒザはなるべく上下させず、ボールの落下点に入るところからインパクトまで目線を動かさない。レシーブを安定させるためにも、両足のツマ先とレシーブ面はパスの方向に向けることが大切だ。

BAD

ツマ先とパスの方向が合っていない

35

細かいステップでボールに反応する

1 どんなボールにも対応できるよう基本の構えでボールを待つ。

2 相手スパイクに対して正面に入ったら、両腕でレシーブ面をつくる。

細かいステップで
スパイクに正対する

正面のスパイクを両腕の面に当てる

レシーブで難易度が高いのがストレートスパイクへの対応だ。相手から強打されたスパイクを至近距離の正面から受けるため、スピードに対する体の反応やレシーブ自体のコントロールが難しい。

レシーブを成功するためには、スピードに対応できるよう余分な動きをなくし、スパイクに対して基本の構えをしっかりとる

ことがポイントになる。

そのためにはスパイクに対して、正確に落下点に入る前後の細かいフットワークが大切で、**相手スパイクに対しできるだけ体勢を崩されずに両腕のレシーブ面でボールをとらえる。**

まずはセッターに返すよりも、ボールを上にあげて味方につなげることを優先しよう。

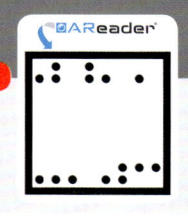

AR動画 でココをチェック! ∙∙∙∙∙∙∙∙∙∙∙∙∙∙∙∙∙∙∙∙∙∙∙∙∙∙∙∙∙∙∙∙∙∙∙∙∙∙∙

① スパイクに対する細かいステップ
② スパイクに対するレシーブ面の向け方
③ スパイクのミートの仕方とコントロール

3

腕は振らず両腕の面でボールをとらえたら、勢いを吸収するように返球する。高低はヒザを曲げて調整する。

POINT

ツマ先は
パスの方向に向ける

ボールの
勢いを
吸収する

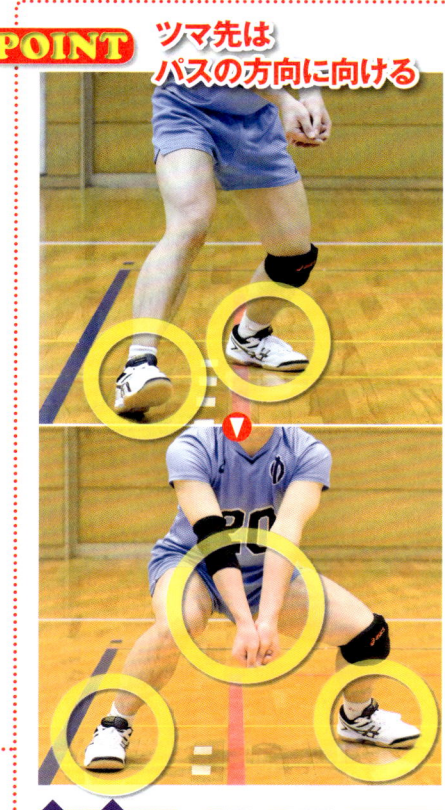

BAD

ツマ先が外側に向くと
ミスにつながる

細かいステップで前後に移動する。正面からのスパイクにはツマ先をパスする方向に向けること。ツマ先が外側に割れてしまうと、上半身でボールをコントロールすることになり、スピードボールに対して難しい動作をしなければならずミスの要因となる。

肩の力を抜いて返す

1 ツマ先とレシーブ面をセッターに向けてボールを待つ。

2 相手スパイクに対して、立ち位置はなるべく変えずに腕を伸ばす。

立ち位置を変えずにボールを待つ

両腕の面でボールの勢いを吸収する

　クロススパイクのレシーブは、ストレートに比べると距離があるため正確に味方セッターに返すレシーブ力が求められる。

　決まった立ち位置から、まずツマ先とレシーブ面をセッターに向けることがポイント。アンダーハンドパスの基本に立ち返り、打ち込まれたボールに対して、立ち位置を変えず腕でつくった面でボールをインパクトする。

　このとき腕をスポンジのようなイメージで、ボールの勢いを吸収すると正しくセッターにボールが返る。

　レシーブ練習では、台上からスパイクのコースを「右」か「左」に決めてもらい、正確にレシーブできるようスピードへの対応力を身につけておこう。

 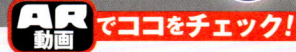

AR動画でココをチェック！ ……………………… 動画は0:38秒から開始

① セッターに体を向けた構え
② スパイクに対するレシーブ面の向け方
③ スパイクのミートの仕方とコントロール

PART2 パス&レシーブを身につける

3 両腕の面でボールをとらえたら、勢いを吸収するように返球する。

4 レシーブ面はそのままにボールをセッターに返す。

肩が回らないようにレシーブする

ボールの勢いを吸収する

CHECK!

相手スパイカーを観察してコースを予測する

勢いのあるスパイクに対して、腕だけでとりにいくと弾き飛ばされてしまう。また、肩が回るとレシーブの精度は低くなる。そうならないためにも、相手スパイカーの目線や腕の振りを観察して、どのコースにボールがくるのか予測しつつ、ボールを待つように準備しよう。

BAD

肩が回るとパスミスになる

手のひらでボールを弾き返す

1 どんなボールにも対応
できるようレシーブの
基本の構えで待つ。

2 ボールの飛んでくる高さを瞬
時に判断し、アンダーハンド
で返せない場合は平手レシー
ブの形を両手でつくる。

POINT

両手のひらを
重ねて組む

すばやい反応で両手を重ねる

　スパイクレシーブは、相手スパイカーと
の距離が近いときはアンダーハンドだけで
は対応できないこともある。その場合は、
すばやい反応で平手レシーブに切り替えて
とにかくボールをあげる必要がある。

　平手レシーブがうまく相手コートに返れ
ば、ときにはダイレクトでの返球がカウン
ター効果となって得点につながることもあ
る。

　アンダーハンドで返せないと判断したら、
**すばやく両手のひらを重ねて顔の前で組み、
そこでスパイクを手のひらでとらえる。**力
は入れ過ぎずミートを心がけることがポイ
ント。しっかり両手を顔の前に出すことで、
顔を守る効果もある。しっかりマスターし
てケガの防止につとめよう。

①アンダーハンドから平手への切り替え
②平手レシーブの組み方
③スパイクレシーブのコントロール

3

手のひらをボールに向けて、両手に力を入れ過ぎず、腕の力で弾き返す。

手のひらをボールに向ける

SIDE

背スジを伸ばす

背スジを伸ばしてボールを額の斜め上でとらえる。体が反ってしまうとボールは後ろ方向に飛んでしまう。

PART2 パス&レシーブを身につける

LEVEL UP！

ダイレクトで返すとカウンターになる場合もある

平手レシーブでダイレクトに相手コートに返すと、相手にとって意外性のある返球となり、相手レシーバーの間にポトリと落ちて、カウンターが決まる場合がある。しかし、レシーブのセオリーはセッターに正確に返すことなので、基本的にはつなぎのプレーとして使おう。

腕の形を変えてボールを拾う

床とボールの間に腕を入れてボールを拾う

フライングレシーブは、落ちるボールに対して跳び込んで、床すれすれでボールをあげるテクニック。体勢も崩れているのでコントロールは難しいが、ボールに対して体を投げ出し、ピンチの状況でも味方選手につなぐ技術として身につけたい。

ボールをとらえるには、両手のアンダーハンドで受ける方法と、片手の親指の上部分で受ける方法、さらには手の甲でボールを拾う方法がある。**それぞれボールの落下点に対して自分の体勢と床、ボールとの位置関係やスペースで腕の形は変えることがポイント**。練習を通じてあらゆる形でボールを拾えるように体を動かしていこう。

1 ボールに対して反応して助走をスタートする。

2 落下点を読んで跳び込み、腕を伸ばしていく。

ボールの落下点を見極める

でココをチェック！ ……………………

①ボールに対しての助走スピード
②ボールを拾うタイミングと床との位置
③ボールを拾った後の体勢と受け身

PART 2　パス＆レシーブを身につける

LEVEL UP！

三段階のレシーブを使い分ける

ボールをとらえる方法は三つある。「両腕」「片手の親指」「手の甲」。両腕から片手、親指から手の甲になる分、拾ったボールの精度が落ち、ボールの勢いも弱くなる。しかし失点しないために何としてでもボールをあげるテクニックなので、味方選手につなぐことに全力を傾けよう。

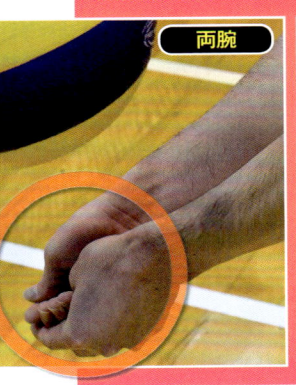

両腕

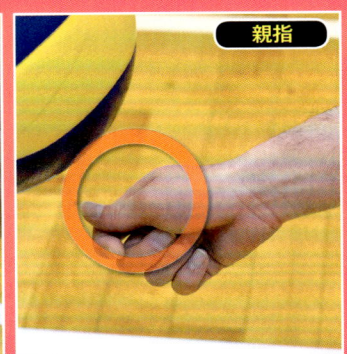

親指

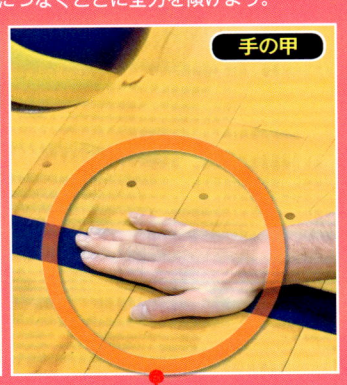

手の甲

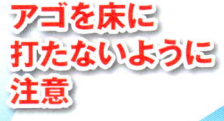

POINT

**床スレスレなら
手のひらを差し込む**

3 手の甲を使って床スレスレでボールを拾い、味方選手につなげる。

**アゴを床に
打たないように
注意**

レシーブ後に体を回転させる

柔道の受け身のように回転してから立ちあがる

走り込んでレシーブした後に、体を回転して瞬時に体勢を立て直すプレーを回転レシーブという。これは、離れた場所に落下しそうなボールを拾いやすく、流れで立ちあがって次のプレーに備えられるテクニックで、おもに女子選手が用いる。

ボールの落下地点を予測したら、体を低く構えたまま、ボールに向かって大きく踏み出す。次に踏み出した脚と同じ方の腕を、ボールへと伸ばしてレシーブする。**レシーブ後は、伸ばした腕と反対の足から回転する**。柔道の受け身をもとに考えられた安全性の高いレシーブだ。慣れるまでは回転動作から練習し、技術を身につけよう。フライングレシーブと同様にレシーブの手の形は三種類ある。

片手のアンダーハンド

1 ボールの落下点を読んで助走をスタートする。

2 ボールの落ちてくるところに腕を伸ばし手の甲でボールをとらえる。

でココをチェック! ……………………………… 動画は0:54秒から開始

①助走スピードとボールに対してのアプローチ
②ボールをとらえた後の体の回転
③回転後の起きあがり方

LEVEL UP!

ラリーが重視される女子の試合に有効

フライングレシーブとテクニックの難易度は変わらないが、片腕より両腕の回転レシーブの方がパスの精度は高い。また、次のプレーへの移行がスムーズなので、ラリーやボールを拾ってつなぐバレーが重視される女子選手には有効なテクニック。

PART2 パス&レシーブを身につける

両手のアンダーハンド

両手で
レシーブする

腕を伸ばす

3 伸ばした腕の反対側の足から回転する。

4 回転の勢いを利用して立ちあがり、次のプレーに備える。

投げられたボールを正確に返す

1 相手に手でボールを投げてもらう。腰をやや落としボール正面の落下点で構える。

2 両腕でつくったレシーブ面にボールを当てて、相手に正確に返球する。

手で投げたボールを正確に返す

アンダーハンドはバレーボールで最も使う基本技術だ。セッターに返す正確なコントロールがなければ、実戦では使えないので練習から取り組んでいきたい。

最初は相手に手でボールを投げてもらい、しっかりコントロールして返球する。返球する位置は、試合でセッターが腕を伸ばした高さをイメージすると良いだろう。

パス交換ではなく手で投げてもらうのは、優しいボールをいかに正確にコントロールできるか意識するためだ。**大雑把なパスでなく、相手が頭上に構えた手に、ボールが収まるような返球を心がけよう**。ある程度、上達したら投げ役は左右にボールを振り、レシーバーは足を左右に動かし返球する。

3 腕は振らずに、セッターにボールを返すことをイメージする。

POINT

アンダーハンドの
パス交換は
腕を振らない距離で

よく見かけるアンダーハンドのパス交換だが、やり方によっては間違ったフォームが身についてしまう。お互いの距離が遠いとどうしても、ボールに勢いをつけようと腕を大きく振ってしまう。これはアンダーハンドの間違ったフォーム。お互が近づいて、腕を振らないミートだけでパス交換できる距離が理想だ。

BAD

**腕を振らなくても
届く距離で行う**

○

PART 2

上達レッスン

投げ手が左右に
ボールを振る

ある程度、パスを正確に返す感覚をつかんだら、今度は投げ手が左右にボールを動かしてみよう。受ける方は足を左右に動かさなければならないので、パスの難易度はアップする。しかし構えから腕でつくった面がしっかり目標に向いていれば、同じようにコントロールできる。

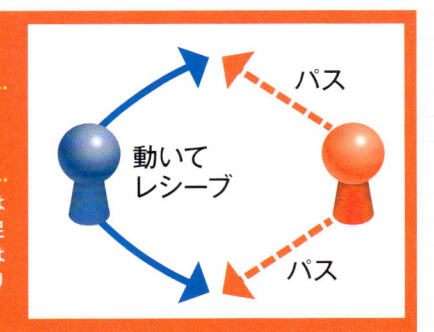

パス

動いて
レシーブ

パス

パス・レシーブ練習②
台上からのスパイクをセッターに返す

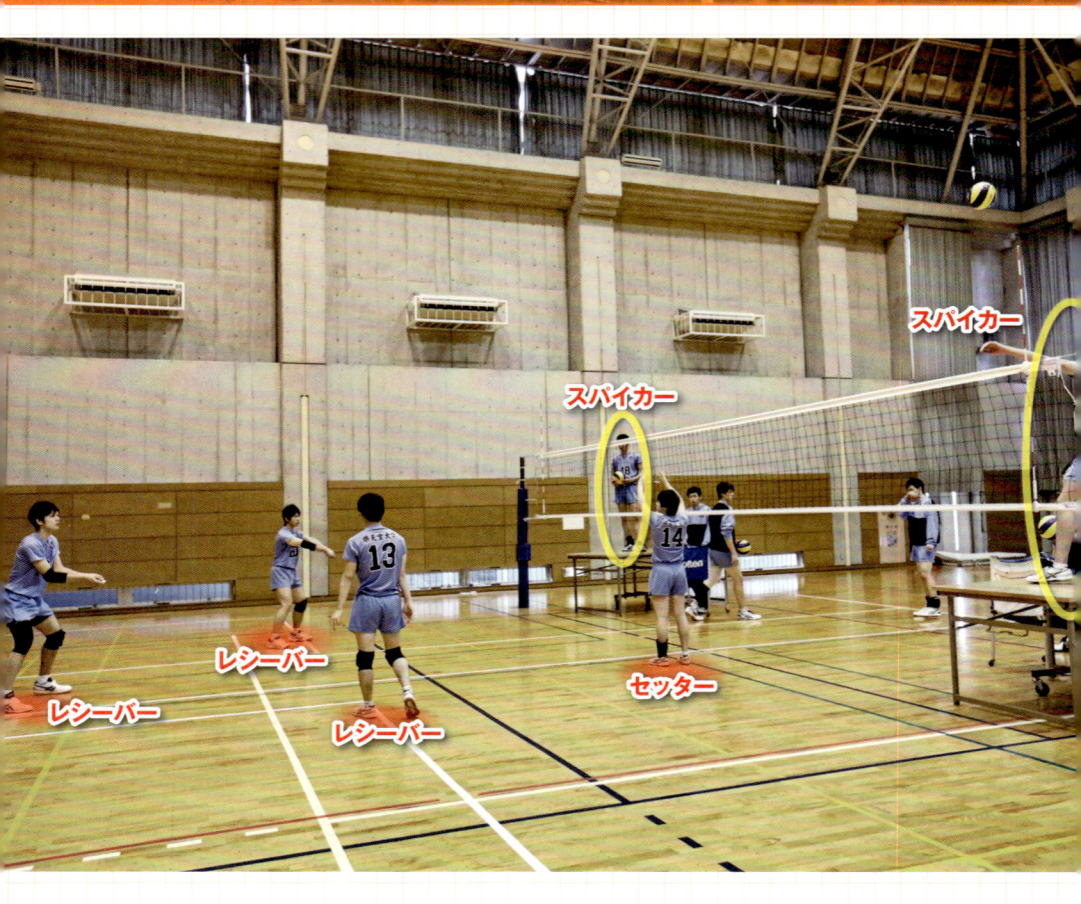

スパイカー

スパイカー

セッター

レシーバー

レシーバー

レシーバー

台上からのスパイクをレシーブでセッターに返す

台上からのスパイクを効率的に、スパイクレシーブできる練習法だ。ライトとレフトから交互にスパイクを打ってもらいレシーブする。レシーブする側は三人がコートに入り、自コート中央にセッターが立ってレシーブのターゲットとなる。

スピードに慣れていない段階では、スパイクのコースを「右」「左」などと予告してもらい、レシーブする「約束練習」が効果的。スパイク側もやみくもに打つのではなく、コースを狙うコントロールや相手がとれない位置を見極める観察力を養うことができる。

ある程度、スピードに慣れてレシーブの精度があがってきたら、約束なしでスパイクを打ってもらおう。

1 コートに三人が入り、台上からのスパイクを打ってもらいレシーブする。

2 台上のライト、レフトそれぞれのコースからスパイクを打ってもらいレシーブする。

3 両腕でつくった面にボールを当てて、セッターに正確に返球する。

4 レシーバーは自コート中央に立っているセッターを目標に返球する。

レシーバー

セッター

上達レッスン

ブロックを入れて
レシーブ練習する

練習の段階が進んだら、自コートにブロックの選手を入れて行う。ブロックの死角から、どのようにスパイクが抜けて飛んでくるのかがわかる。試合に近い形でレシーブ練習することで、相手スパイクに対する読みや観察力もつき、あらゆるボールに対応できるようになる。

ブロッカーを入れて練習する

球出しとスリーメンでボールをつなぐ

レシーバー

レシーバー

レシーバー

球出し

あらゆるボールに対応して球際に強くなる

バレーボールは床にボールを落とすと、失点になるゲーム。日頃の練習から三人という限定的な人数でボールをつなぐ意識やスキルを身につけよう。

スリーメンは、球出し役の選手が出したボールをレシーブ側となる三選手がつなぐ練習法。前後左右にボールを振ることで、レシーブする側はパスをつなぐ能力、球際の強さなどを身につけられる。

この練習は球出し役の洞察力がとても重要で、三選手が均等にボールに触れられるようバランスよくボールを出すことが求められる。

体の正面への振り、意表をつく逆の振りなどをうまく織り交ぜて、三選手でコート全体をカバーできるよう練習する。

拾って
ボールをつなぐ

1 球出し役の選手は、ときには意表をついて体の向きとは逆側にボールを出す。

2 レシーブ側の選手は、ボールを拾って味方選手につなぐか、球出し役に返す。

セッターに
見立てて返す

3 球出し役の選手は、レシーバーに正対するようにボールを出す。

4 レシーブする選手は球出し役に、まっすぐボールを返す。

PART2 パス&レシーブを身につける

上達レッスン

スパイクからスリーメンをスタートする

スリーメンの後半は、自コートのサイドからスパイクを打ってもらいスパイクレシーブの形からスタートする。スパイクからの流れがイメージでき、レシーブが乱れたときの他の選手のフォローやつなぎ方が身につく。レフト・ライトの両サイドからスパイクを打つと良い。

スパイカー

球出し役も練習への意識を高く持つ

スリーメンの練習においては、球出し役の意識が重要になってくる。何も考えずにボールを投げたり、ただスパイクを打つだけでは練習全体に目的意識が加わらない。何も考えない球出しは、「しごき」になったり、自分自身の練習にもならない「スパイク役」になってしまう。

そうならないためにも、この練習が「どのような目的で行っているものなのか」しっかり理解したうえで、ボールの出しどころを考え、採配しなければならない。

スリーメンの練習は続けていくと、レシーブ側の選手の苦手なところが見えてくる。球出し役は、そこを見極めてミスした直後に同じコースを球出しすることが求められる。そうすることでレシーブ側は苦手を克服することができ、球出し役もスパイクを打つ際の狙いどころやコントロールの精度が身についていくのだ。

ボールを落とす

ミスしたら同じコースに続けて球を出す

スリーメンでは、とれないコースがあったら、間を置かずに続けて同じコースに球を出す。そうすることで苦手なプレーを意識し、改善していくプロセスに導くことができる。

PART 3

スパイク技術を
マスターする

SPIKE

スパイクの腕の振りを確認する

利き腕と反対の腕を上へヒザを伸ばす

1 肩幅よりやや狭く開き立ち、軽くヒザを曲げる。

2 ヒザを伸ばしながら左腕を上に伸ばし、右腕は手のひらが外側に向くようにバックスイング。

腕を高く振り上げる

素振りのようにスイングを繰り返す

　スパイクは腕がしっかり振れていないと、精度の高い、勢いのあるボールは打てない。初心者の場合はジャンプせず、その場でスパイクのスイングをしてフォームを確認しよう。

　まず軽い屈伸からヒザを伸ばしてジャンプするタイミングをはかり両腕を大きく振りあげる。右利きの場合、**ジャンプをリー**ドするように左腕を高くあげ、右腕は手のひらが外側に向くようにする。

　ここで十分にバックスイングをとったら、ヒジを先行しながら前方に腕を振り、できるだけ高い位置でボールを打ち、腕を下まで振り切る。ボールをイメージしつつ、一連の動作をスムーズに行えるように、鏡を見ながら素振りするようにしよう。

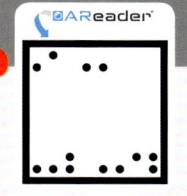

AR動画でココをチェック!

①スパイクのスイングの流れ
②腕の振りと手の形
③インパクト時の腕の伸び

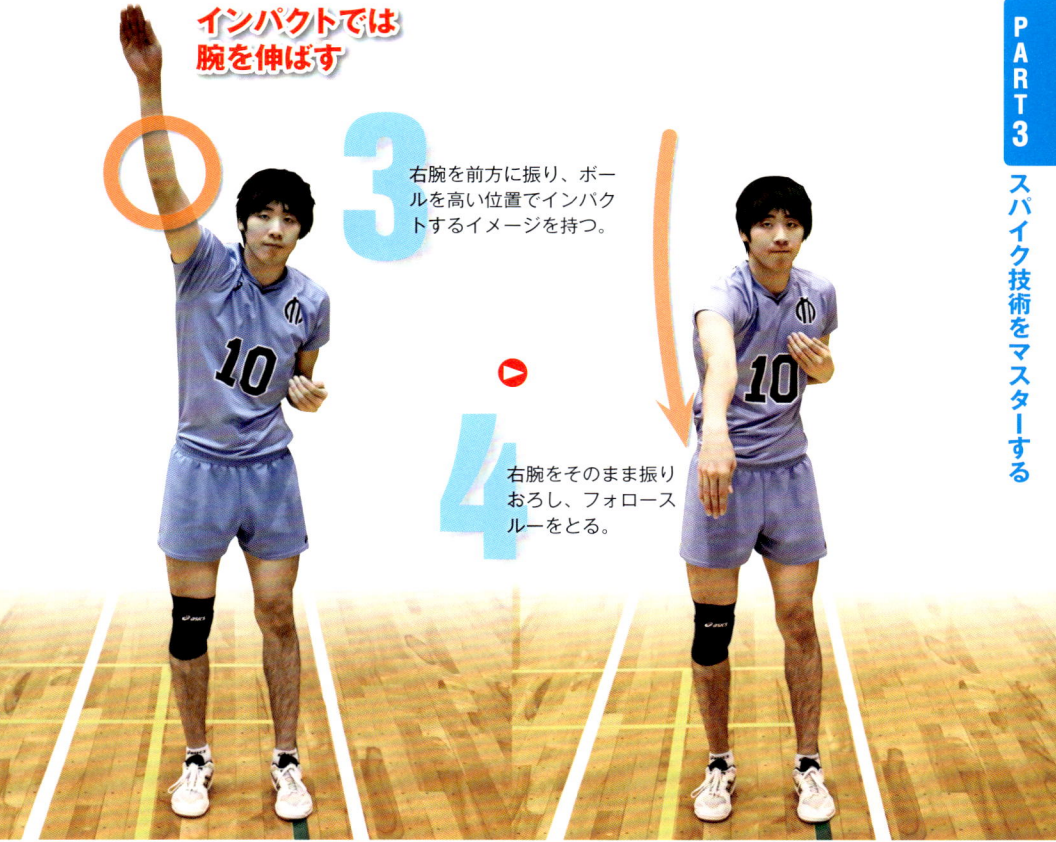

インパクトでは腕を伸ばす

3 右腕を前方に振り、ボールを高い位置でインパクトするイメージを持つ。

4 右腕をそのまま振りおろし、フォロースルーをとる。

CHECK!

背スジ, ヒジをまっすぐ伸ばしてインパクト

高く強いスパイクを打つためには、インパクトでヒジがまっすぐ伸びていることが理想。スパイクの手の形は指先をまっすぐ上に向けて、親指をしっかりつけること。指先が揃っていなかったり、上を向いていないとスパイクの勢いも弱まり、ケガの要因にもなるので注意。

BAD

真上のボールをキャッチする

POINT
最高到達点で
ボールを
キャッチする

直上トスのボールを正確にとらえる

　セッターの真上（直上）に上げたトスをキャッチする練習は、トスを打つタイミングを知ることができる。実際にボールは打たないが、トスに対する落下点への助走の仕方、ジャンプのタイミング、高い打点でボールをとらえる感覚など、強いスパイクを打つために必要な要素が確認できる。**セッター役の選手は真上にトスあるいは**

ボールを投げ、スパイクする選手は助走からジャンプして、両手でボールをキャッチする。 キャッチの位置がネットより低いと、スパイクを打っても届かない。

　繰り返しセッターに直上トスを投げてもらい、ネットの高さより上でキャッチできる感覚が身についてから実際にスパイクを打つ練習に入ろう。

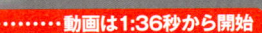

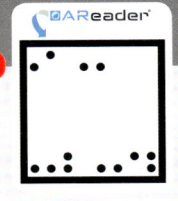

①直上トスに対する助走の入り方
②ジャンプのタイミングと空中姿勢
③キャッチする位置と着地の仕方

1 スパイクする選手はアタックラインで待機し、セッターはその場で高くトスをあげる。

2 すばやく移動してボールの落下地点に入り、そこからジャンプする。

3 ジャンプのもっとも高い位置でボールをキャッチし、そのまま着地する。

セッター

POINT
両足は横並びで
踏み切る

LEVEL UP !

ボールキャッチができたら実際にボールを打つ

ボールキャッチができるようになったら、実際のスパイクでボールを打ってみよう。直上にあげたトスに対して、素振りでマスターした腕の振りを意識して行うと良いだろう。無駄な力を入れず、高い位置でのインパクトを心がけると、上手にスパイクが打てるようになる。

高い位置で
スパイクを
打つ

基本動作を意識してスパイクを打つ

助走からの勢いをスパイクで爆発させる

実際にスパイクを打つには、ボールに勢いをつけるための助走がカギを握る。助走には「3歩助走」や「1歩助走」などあるが、勢いだけでなく、より高いジャンプにつなげるために自分に合う助走方法を身につけることが大切だ。

助走後の踏み切りは、両足の拇指球にし っかり乗って踏み込むこと。**ヒザの屈伸と尻、太モモ裏の筋肉を使って思い切りジャンプすると高く飛べる。**

ジャンプしたら空中で、ヒジを後ろに引きながら体を弓なりに反らし、反りを戻すときの勢いと全身の力をインパクトで爆発させよう。

1 両腕を後方に振り、助走にスピードをつける。

2 両足でしっかり踏み込んでボールの落下地点に入る。

両足の拇指球で踏み切る

AR動画 でココをチェック！

❶助走スピードとトスに対してのジャンプのタイミング
❷ジャンプ後の空中での姿勢と腕の振り
❸スパイク後のフォロースルーと着地体勢

3 ジャンプしたら空中で体を反らし、バックスイングをとる。

4 ネットより高い位置でボールをとらえ、相手コートに叩きつける。

5 スパイクを打ち終えたら、センターラインを踏まないように両足を揃えて着地する。

CHECK！

3歩目に両足で強く踏み切る

3歩助走はもっとも高く飛べる助走法だ。マスターしておけばどのようなポジションでも対応が可能になる。利き足から1歩目をスタートし、逆足で2歩目、3歩目で両足が横並びになるように踏み切ることがポイント。このとき両腕は体の前にあることで踏み切りの力も強くなる。

59

コースにスパイクを打ち分ける

ストレート

POINT
ボールの中心を
上から叩く

1 助走からすばやく落下点に入り、両足で踏み切りジャンプする。

2 上体を反らせた反動を利用しながらボールをとらえる。

3 ボールを相手コードに叩きつけ、着地する。

状況判断をしながらベストのスパイクを打つ

スパイクは、スパイクを打ち込むコースをストレート、またはクロスに打ち分ける必要がある。

ストレートとは、サイドラインのギリギリの位置を狙うコースのことで、**アウトになりやすいというリスクはあるが、レシーブ側の選手はスパイクとの距離がとれずレシーブをしにくいメリットがある。**

クロスとは、逆サイドを狙うスパイクの形。**打ちやすさはあるが、ストレートに比べると、スパイクがレシーブに到達するまでの距離が長く、相手に拾われてしまうこともある。**

ブロックの位置やレシーブの陣形などを確認して、その時々のベストのスパイクが打てるよう状況判断をしていこう。

 ARreader

AR動画でココをチェック! ……………………………………… 動画は1:02秒から開始

①ストレートとクロスの助走の入り方の違い
②ストレートとクロスのボールをとらえる位置の違い
③ストレートとクロスのコースの違い

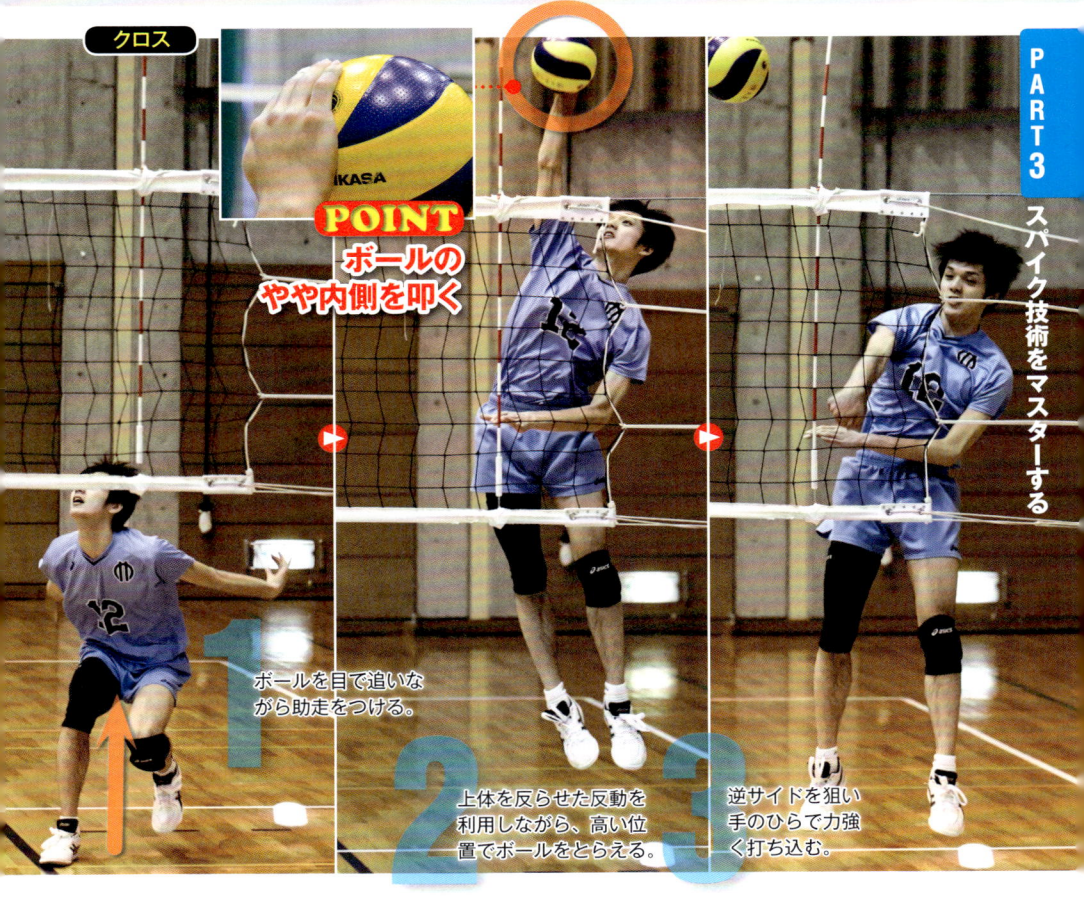

クロス

POINT
ボールの
やや内側を叩く

1 ボールを目で追いな
がら助走をつける。

2 上体を反らせた反動を
利用しながら、高い位
置でボールをとらえる。

3 逆サイドを狙い
手のひらで力強
く打ち込む。

PART3

スパイク技術をマスターする

LEVEL UP!

ストレート打ちから
マスターしてクロスに進む

まずはストレート打ちから練習することが鉄則。まっす
ぐ助走して、そのまま前方に打つストレートスパイクは、
ボールに力も伝えやすく得点も決まりやすい。練習でブ
ロックがついても、ある程度決まるようになってからク
ロス打ちに進む。段階的にマスターしよう。

ネットと平行のトスを打ち込む

トス

アタック

ネットと平行なトスを
スパイクする

平行トスを
ストレートに決める

平行トスを低く鋭く打ち込む

平行スパイクとは、ネットの白線に対して平行にあがった横方向からのトスを打つスパイクのこと。ライト側、レフト側の両方からのスパイクがあり、山なりトスのオープンスパイクに対して、低くてスピードのある攻撃へと発展していくことができる。

レフト側からクロスに打つ場合は、相手にレシーブされて決まらないことが多い。

そのためコースはストレート重視で、力強く打ち込むことがポイントになる。

平行トスは、すばやい攻撃とコンビネーション重視の現代のバレーボールにとって、欠かすことのできない攻撃法といえる。オープンスパイクと比べると難易度は高いが、練習を重ねてマスターしよう。

AReader

AR動画でココをチェック！

①トスに対しての助走と踏み切りの合わせ方
②トスに対してボールをとらえるタイミングと位置
③レフトへの平行トスのスパイクの仕方

1 助走中にネットと平行にあがったトスを目で追う。

2 ジャンプして、上体を反らせながら腕を振りあげる。

3 高い打点でボールをとらえ、ストレートに打ち込む。

CHECK!

難易度の高いスパイクをマスターして攻撃力をアップする

山なりのトスを打つオープンスパイクに比べて、低く平行なトスを打つ平行スパイクは技術的に難易度が高い。しかしこの技術の習得は、攻撃のバリエーションを増やす上で欠かせない。平行スパイクをストレートとクロスに打ち分ける技術を身につけて、攻撃力を高めよう。

クロスへスパイクを打つ

トスがあがった瞬間に打ち抜く

1 セッターがトスを上げる前に助走をはじめる。

2 セッターはアタッカーのタイミングに合わせて、トスをあげる。

アタッカーの踏み切りに合わせてトス

トスの前に助走をスタート

セッターとの巧みなコンビネーションで決める

　Aクイックとはセンターにあがったボールを、速攻で打ち込むスパイクだ。クイックスパイクはすばやく打つことがポイントとなるが、特にAクイックはセッターとアタッカーの距離が近いため、トスがあがったと同時に打ち抜くスピードが必要になる。

　セッターがトスをあげてから、アタッカーがジャンプするのでは間に合わない。そのため、**レシーブがあがる前にセッターとアイコンタクトをとるなど、セッターとアタッカー間のコンビネーションが決め手になる。**

　セッターがボールに触れた瞬間に、踏み切りからジャンプ、そしてバックスイングに入り、空中でトスを待つようなタイミングをつかめることが理想的だ。

①アタッカーの助走と踏み切りのタイミング
②セッターのトスとアタッカーのジャンプのタイミング
③アタッカーの空中姿勢とコンパクトなスイング

PART3

スパイク技術をマスターする

3 ジャンプをしながら、やや小さめなバックスイングをとる。

4 手首のスナップを使い、相手コートに打ち込む。

LEVEL UP！

助走コースを変えて
Aクイックを打つ

スピードのあるクイック攻撃であっても、レベルの高いブロッカーはついてくる。ブロックに飛ばれても決められるように、クロスやターンなどの打ち分けを身につけよう。また、助走の際にセッターの背中側から入ると、ブロックをかく乱できるようになるので練習しよう。

セッターの背後から助走に入る

Bクイック
平行にあがるトスを打ち込む

トス

スパイク

セッターから2mほど
離れた位置でジャンプ

Aクイック
Aクイックはセッ
ターのすぐそばで
ジャンプする

セッターとは離れた方向に助走する

　Bクイックは、ネットの白帯と平行にあがるトスを打つスパイク。セッターとの距離があるため、よりタイミングが重要になる攻撃だ。とはいえ、平行トスのスピードは速いので、レシーブしたボールがセッターに渡る前に短い助走をはじめることがポイント。このとき、**体がセッターに向いてしまいがちだが、ネットに正対して助走をするのが理想だ。**

　助走後は、すばやく腕を振りあげて踏み切り、セッターから2m ほど離れた位置にジャンプする。ボールがセッターの手を離れ、サイドラインに向かって飛んでくる途中のボールを叩きつけるように相手コートに打ち込もう。

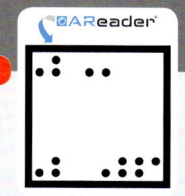

AR動画でココをチェック! ………………………… 動画は1:14秒から開始

①セッターとの距離感と踏み切りのタイミング
②早いトスに対してのバックスイングのとり方
③トスに合わせたコンパクトなスイング

PART3 スパイク技術をマスターする

1 Aクイックよりも、セッターから離れた位置に助走する。セッターの動きに合わせて踏み切りジャンプする。

2 腕をコンパクトにスイングして、クロスに打ち込む。

LEVEL UP!

セッターからの距離と
コースの狙いを使い分けする

Bクイックにはセッターとの距離を2mぐらいで行う「短B」と4mぐらいで行うロングBの二種類がある。トスをスパイクするエリアが広いので、相手ブロックもつきにくい。スパイクする位置やブロックの状況を見ながら、クロスまたはターンでコースを打ち分けよう。

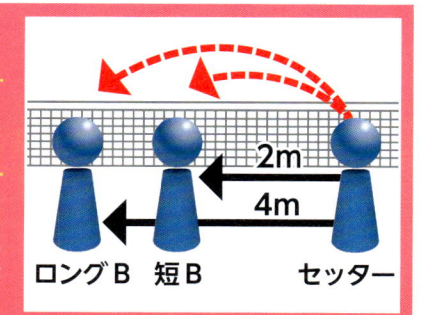

2m
4m
ロングB　短B　　セッター

セッターの後ろで打つ

アタッカー

セッター

レシーバー

POINT
短めの助走を
スタートする

レシーブ後、
Aクイックの
動作をする

アタッカー

POINT
セッターの
背後から
スパイクを
打つ

セッター

レシーバー

AR動画でココをチェック！
①セッターとの位置関係と踏み切りのタイミング
②バックトスに対してのバックスイングのとり方
③高い打点からのコンパクトなスイング

1 すばやくセッターの後ろへ回り込む。

2 腕を振りあげて、コンパクトにバックスイングする。

3 手首のスナップを使ってボールを打ち込む。

セッターは後方へトス

アタッカー

セッターの背後に回る

セッターの後ろにすばやく回り込む

　セッターの背後から打つクイックスパイクをCクイックという。Cクイックは、セッターが前方へトスをあげると見せかけて、後方にあげたボールを打つという相手ブロックの裏をつくテクニックだ。身につければ攻撃力がアップする。

　セッターにボールが渡る前に短めの助走をはじめ、セッターがトスをあげると同時に踏み込み、ジャンプしてスパイクを打ち抜く。相手ブロックにAクイックを打つと見せかけて、瞬時にセッターの後方へ入り込み、Cクイックを打ち込めるとベスト。セッターとアタッカーは、意思疎通をはかり、どのクイックで攻撃するか見抜かれないように注意しよう。

横に移動して相手を惑わす

アタッカー

アタッカー　セッター

POINT
セッターの背後に走り込み
スパイクを打つ

ライトへ移動

打ち込むときはネットと正対する

　アタッカーが横に大きく移動して、相手を惑わす攻撃がブロードだ。助走でセッターの脇を通過して後方に回りこみ、速攻で相手コートへ打ち込もう。

　特に重要なのが、斜めに走りこんでから、ネットに正対して打てるよう体をひねる動作である。**Cクイックを打つようにセッターの真後ろに回りこんだら、手首のスナッ**プを利用して打つ。

　またスピードのある攻撃であるため、セッターにボールが渡る前から、アタッカーは助走をとりはじめなければならない。アタッカーとセッターの高度なコンビネーションプレーが求められるので、繰り返し練習して呼吸をあわせられるようになろう。

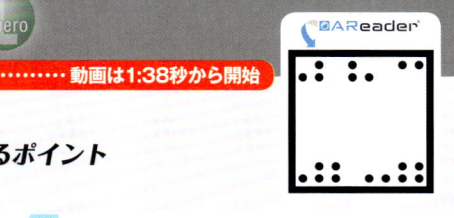

AR動画でココをチェック！ ……………………… 動画は1:38秒から開始

① 外方向への助走とトスの位置
② 空中での体のバランスとボールをとらえるポイント
③ スパイク後の着地と体勢

2 左足で踏み切りジャンプし、コンパクトに腕を振る。体が勢いで横に流れないよう注意する。

1 セッター付近から助走をとり、Cクイックを打つ位置まで移動する。

POINT
ネットに正対して
打ち込む

バックトスを
あげる

セッター

アタッカー

CHECK!

空中で体のバランスを
キープする

Cクイックよりもさらに外側へ助走し、片足で踏み切る動作となるため、空中でバランスを崩しやすい。体勢を崩してしまうとスパイクに力が入らず、タッチネットをする危険も高まる。大きく移動しながらも、体の軸をしっかりとキープすることが大切だ。

ワンテンポずらして攻撃する

1 Aクイックのように
セッターの近くまで
助走する。

2 Aクイックと見せかけつつ
ワンテンポ、ジャンプのタ
イミングを遅らせる。

3 ブロックの落ち際に
スパイクを決める。

Aクイックの1人時間差攻撃

**Aクイックの位置で
踏み込む**

**ジャンプすると
見せかけて
体を沈ませる**

**1度ジャンプ
フェイントを入れて
強く踏み切る**

Aクイックと見せかけて相手ブロックを崩す

　Aクイックで打つと見せかけ、ワンテン
ポずらしてジャンプをするのが1人時間差
攻撃だ。頻繁に使うテクニックではないが、
攻撃レパートリーのひとつとして習得して
おきたい。

　**アタッカーは助走から踏み切りのタイミ
ングで一度踏み止どまり、ワンテンポずら
してからジャンプをする。** そうすることで
相手は、踏み込んだAクイックのタイミン
グに合わせてジャンプするので、ブロック
を外すことができる。

　また、Aクイックの位置からセッターの
背後に回り込む方法も有効だ。Aクイック
と見せかけて踏み込んだ位置から、セッタ
ーの背後に踏み込みジャンプし、テンポと
位置をずらして相手ブロックを外す。

AR動画でココをチェック! ·········

①Aクイックと思い込ませる踏み込み
②フェイント後のジャンプからのスパイク
③セッターの背後に回り込むステップ

1 Aクイックと見せかけてバックトスを打つ1人時間差攻撃

Aクイックで攻撃を仕掛けるように見せかけ、セッターの近くで一度踏み込む。

2 ジャンプするフェイントからセッターの背後にすばやく移動する。

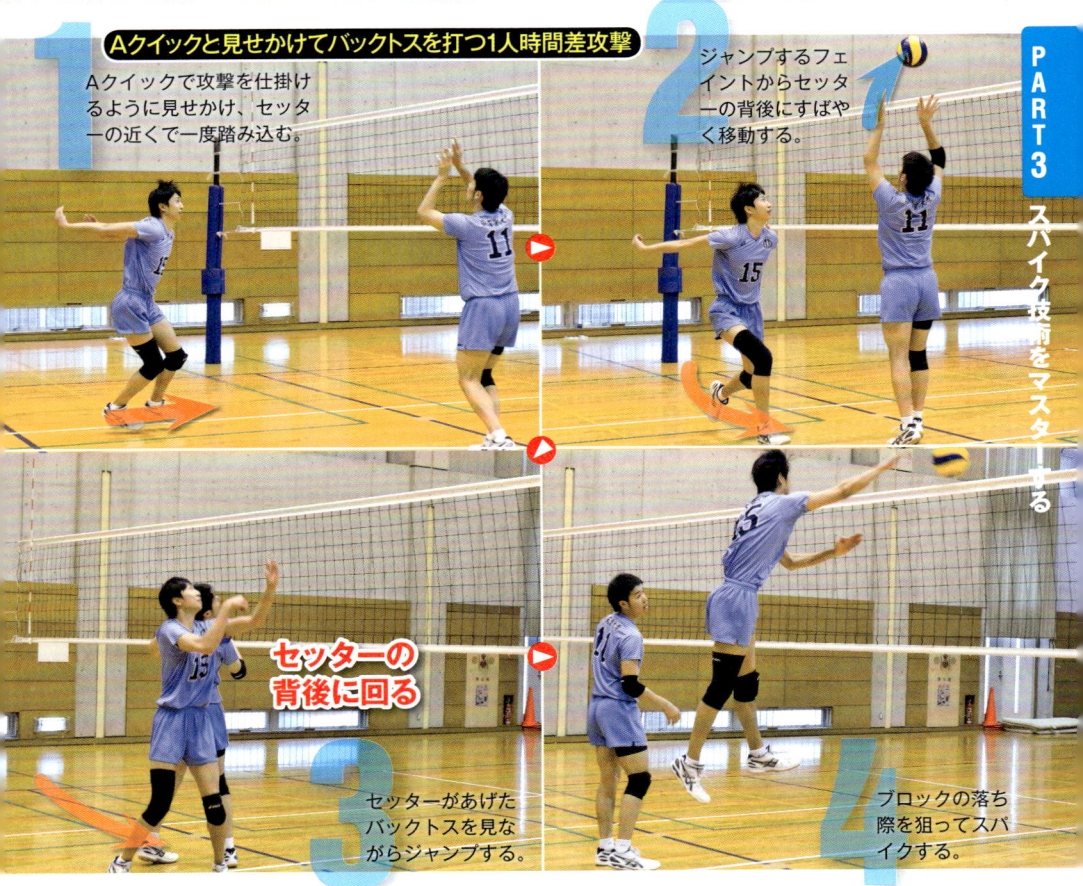

3 セッターの背後に回る

セッターがあげたバックトスを見ながらジャンプする。

4 ブロックの落ち際を狙ってスパイクする。

CHECK!

動作にメリハリをつけて相手ブロックを外す

一人時間差攻撃では、セッターと呼吸を合わせることはもちろん、クイック攻撃と相手ブロックに信じ込ませる動作も要求される。アタッカーは素早い助走から、踏み込んでストップし、ひと呼吸おいてからジャンプする。スピードにメリハリをつけて、攻撃を成功させよう。

トリックジャンプを応用する

3 ブロッカーを外したら、セッター寄りに踏み込んでジャンプしたスパイクする。

2 Bクイックと見せかけるため、その場でジャンプのフェイントを入れてから、もう一歩踏み込んでジャンプする。

一歩前に
踏み込んで
ジャンプする

一度踏み込んで
ジャンプの
フェイントを入れ

Bクイックと見せかけてセンターでスパイクする

　Bクイックで打つと見せかけ、セッターより離れたところに助走して踏み込む。ここでワンテンポずらしてから、セッターよりに踏み込んでジャンプし、センターの位置でスパイクを打つ。通常の時間差に加え、スパイクを打つ位置も移動するので相手ブロッカーを翻弄できる。

　相手ブロックはBクイックを警戒して、

助走からの最初の踏み込みに合わせてジャンプするはずだ。**相手ブロックが飛んでいる隙を狙って、流れるようにセッター寄りに移動してスパイクを打つことがポイントになる。**

　試合では常に相手ブロックとの駆け引きしなければならない。バリエーションの多いアタッカーはそれだけで有利になる。

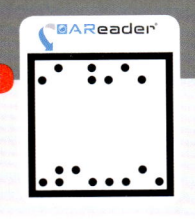

①助走からジャンプに入る前の踏み込み
②Bクイックの位置からセンターの位置に入るステップ
③トスをセンターで叩くすばやいモーション

1

Bクイックのようにセッターから2m程度離れた位置に助走する。

Bクイックと見せかける1人時間差攻撃

POINT
Bクイックの位置に走り込む

CHECK!

セッターはセミトスでアタッカーに合わせる

トリックジャンプから打ち込むスパイクは、クイックよりやや滞空時間の長いセミトスがベター。ブロックの落ち際にスパイクできるタイミングでボールをとらえよう。相手ブロッカーのジャンプを確認してから、落ちてくるボールを打ち込む。

おとりの選手を使ってセミトスを打つ

1 セッターにボールが渡りそうになったら、時間差攻撃をする選手がそれぞれ助走をはじめる。

2 おとりの選手はクイックを打つ動作をする。

3 おとりの選手がジャンプ中に、時間差攻撃をする選手は踏み切る。

**おとりの選手が
クイックの動作で
振りかぶる**

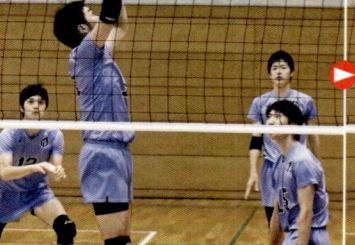

おとり

**POINT
おとりの選手の
背後で
ジャンプする**

おとり

アタッカー

クイックを打つように動き相手ブロックをだます

　セッターがあげるトスに対して、1人の選手をおとりに使い、相手ブロックを引きつけておいて、ほかの選手がセミトスを打つのが時間差攻撃だ。

　フェイクでジャンプする選手と、実際にスパイクを打つ選手のプレーに時間差をつけることで、相手ブロックを崩すことができる。

　1人時間差攻撃よりも複数の選手で行うプレーなので、より高度なコンビネーションが求められる。

　セッターもトスをあげる瞬間までクイックの流れで動き、手がボールを触れた瞬間にセミトスに切り替える。スパイクを打つ選手は、後方からすばやく走り込んで相手コートに打ち抜こう。

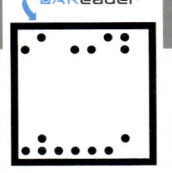

AR動画でココをチェック！

①クイックを意識したおとり選手の動き
②時間差攻撃にあわせたトスの速さと高さ
③セミトスにあわせた助走とジャンプ、スパイクのタイミング

4 おとりの選手が着地した瞬間、時間差攻撃する選手はジャンプして腕を振りあげる。

5 腕を振り切るように、セミトスを打ち込む。

6 ブロッカーの合間を縫って、相手コートに打ち込む。

CHECK！

おとりの選手は
クイックの動きを徹底する

おとりはしっかりスパイクの動作をする

おとりの選手は、クイックを打つ動きでセッターにあわせてジャンプ。実際には打たなくても、打つつもりで動くことがポイントになる。この動作で手を抜いてしまうと、相手に時間差攻撃であることが読まれてしまうので注意が必要だ。

おとりからの攻撃パターンを増やす

Bクイックのおとりからスパイク①

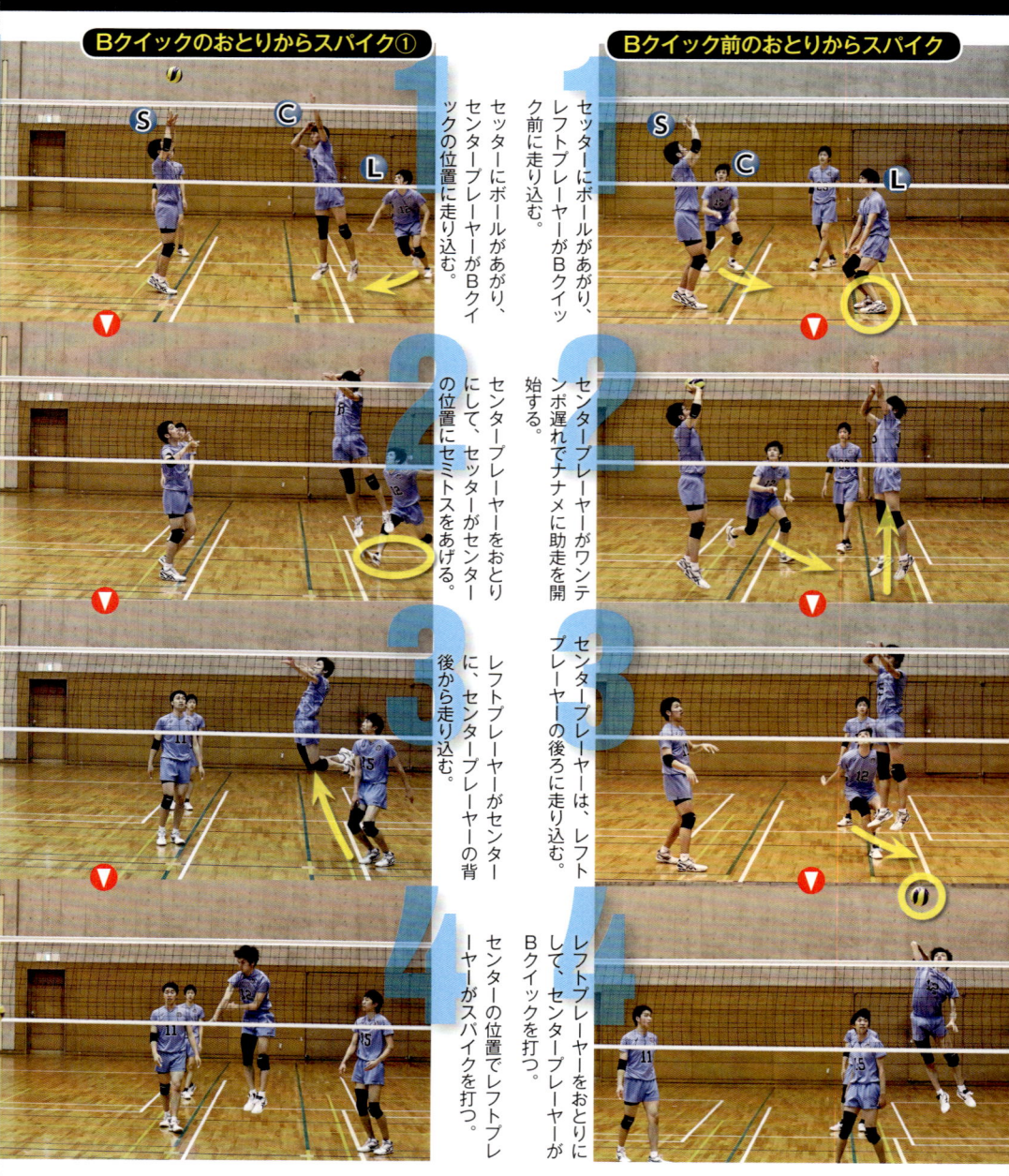

1　セッターにボールがあがり、レフトプレーヤーがBクイック前に走り込む。

セッターにボールがあがり、センタープレーヤーがBクイックの位置に走り込む。

2　センタープレーヤーをおとりにして、セッターがセンターの位置にセミトスをあげる。

3　レフトプレーヤーがセンターに、センタープレーヤーの背後から走り込む。

4　センターの位置でレフトプレーヤーがスパイクを打つ。

Bクイック前のおとりからスパイク

1　セッターにボールがあがり、レフトプレーヤーがBクイック前に走り込む。

センタープレーヤーがワンテンポ遅れでナナメに助走を開始する。

2　センタープレーヤーは、レフトプレーヤーの後ろに走り込む。

3　レフトプレーヤーをおとりにして、センタープレーヤーがBクイックを打つ。

① 時間差攻撃のおとりの動き
② 時間差攻撃のスパイカーの動き
③ 時間差攻撃のトスのタイミング

クイックのおとりから攻撃バリエーションを増やす

クイックの動きをおとりに使うことで相手ブロックを翻弄し、ほかの選手が走り込んでスパイクを打つ攻撃には多くのバリエーションがある。**Bクイックと見せかけておとりの選手がジャンプし、Bクイックとセッターの間で打つ「Bクイック前」は効果的**。さらにBクイック後ろでスパイクするとブロックの隙間からでも打ちやすくなる。

さらに時間差攻撃にCクイックを加えるなど、工夫次第で攻撃パターンは広がる。チームとして練習から取り組んでいこう。

Bクイックのおとりからスパイク②

セッターにボールがあがり、センタープレーヤーとレフトプレーヤーが助走を始める。

センタープレーヤーがBクイックの位置に入ってジャンプし、おとりとなる。

ワンテンポずらしてレフトプレーヤーが、センタープレーヤーの前に交差するように入る。

レフトプレーヤーがBクイックよりややセッター寄りの位置、Bクイック前を打つ。

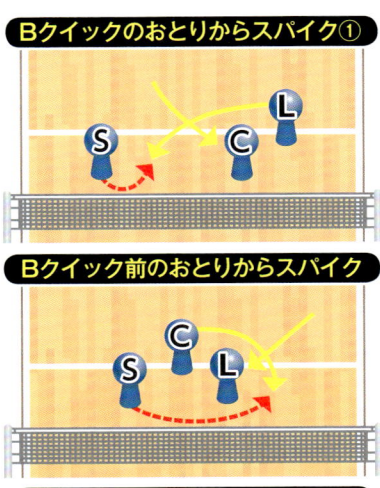

Bクイックのおとりからスパイク①

Bクイック前のおとりからスパイク

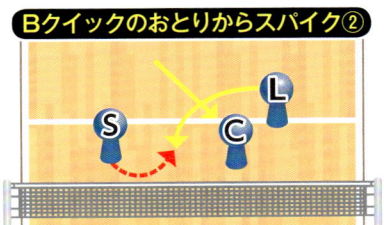

Bクイックのおとりからスパイク②

アタックライン後方からスパイクを打つ

バックゾーンで体を反らしてから打つ

　後衛の選手が、アタックラインの後方で踏み切ってスパイクを打つ攻撃をバックアタックという。フロントゾーンから攻撃するオープンスパイクやクイックスパイクなどと比べて、相手コートまでの距離が長いので、強く打ち込めるパワーのある選手向きの攻撃法といえる。

　バックゾーンで大きく助走し、勢いよく斜め上に向かってへジャンプし、体を思い切り反らしてから全身の力を使って打つ動作となる。その際、アタックラインの手前で踏み切ることが大切だ。

　ネットから遠い位置で打つため、通常のスパイクと同じように鋭角に打つとネットにかかってしまう。ジャンプサーブをイメージして、エンドライン付近を狙おう。

1 助走をつけ、アタックラインを踏まないギリギリの位置で踏み切る。

2 助走の勢いを使って、斜め上に向かってジャンプする。

**斜め上に
ジャンプ**

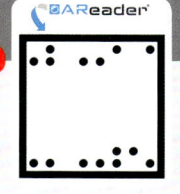

①アタックラインを踏まない助走
②斜め上に高く飛ぶジャンプ
③力強くボールをとらえるインパクトの位置

POINT アタックラインに対してまっすぐ踏み切る

踏み切り足は、ラインに対してツマ先からまっすぐ入っていくことが大切。ツマ先の向きが横や斜めに向いてしまうと、ジャンプ後の上半身のスイングが乱れ精度の高いスパイクが打てなくなる。

BAD

高い位置で
ボールを
インパクト

3 高い位置でボールをとらえて、相手コートのエンドライン付近を狙って打つ。

4 インパクト後は腕を振りおろし、両足で着地する。

両足で
着地する

81

前衛をおとりにバックアタックを決める

1 セッターがトスをあげたら、後衛のセンターは助走を開始する。

2 ジャンプして、腕を振りあげる。

相手ブロッカーの間をストレートに打ち抜く

　前衛のセンターがクイックを打つ振りをした後ろから、後衛のセンターが走り込み、バックアタックを仕掛けることをパイプ攻撃という。

　セッターの近くからストレートのコースに打ち、相手ブロッカーの間にパイプを通すようなイメージで打ち込むことから、この「パイプ」という攻撃名がつけられた。

　パイプ攻撃では、ストレートのコースに打つことがポイント。クロスへ打ってしまうと、相手リベロにレシーブされてしまい、スパイクを決めることが難しくなるからだ。

　パイプ攻撃は難易度の高いテクニックだ。しかし後衛にいる攻撃力のある選手を生かし、攻撃の幅を広げるためにも、時間差攻撃のひとつとしてマスターしておきたい。

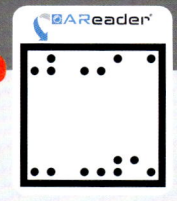

AR動画でココをチェック! ·················· 動画は1:45秒から開始

① スパイクを打つ選手の助走スピードと踏み切りのタイミング
② トスの高さとスパイクのインパクトの瞬間
③ スパイク後の着地

空中で上体を反らして、腕のスイングに勢いをつける。

ボールを手のひらでとらえ、相手コートのエンドラインを狙う。

相手コートのストレートに打ち込む。

P A R T 3　スパイク技術をマスターする

CHECK!

相手セッターのブロックに対しストレートを狙う

パイプ攻撃はバックアタックと時間差攻撃を組み合わせたテクニック。前衛のおとりの動きを利用してバックアタックを相手コートに打ち抜く。この攻撃には相手セッターがブロックに入ることが多いので、ストレートのコースが狙い目となる。

スパイクと見せかけて軽く落とす

直前までスパイクを打つ動作で

1 フェイントをする直前まで、スパイクを打つような動作をする。

2 相手ブロッカーが跳んだら、スピードを落として空きスペースに落とす。

POINT

指先だけでボールに触れる

利き腕の指先から手のひらでヒットするスパイクに対して、フェイントは指先だけでボールをとらえる。

ボールを打つ瞬間に腕を振るスピードを落とす

スパイクを打つと見せかけて、守備の空きスペースを探して軽く落とすのがフェイントだ。相手は強打に身構えているので、意表をつかれて反応できない。

ボールに触れる寸前までは、スパイクの動作をすることが成功のカギ。**打つ瞬間に腕振りのスピードをやや落として、相手コートに軽く落とす。**ボールをとらえる際は、指先だけでタッチすることがポイントだ。

しかしフェイントを悟られてしまうと、たちまち相手のチャンスボールになってしまう。相手を完全に「だます」つもりで、スパイクを打つかのようなモーションで取り組もう。繰り出すタイミングは、十分にスパイクが打てる体勢からフェイントをかけることが大切だ。

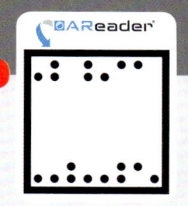

POSITION　Setter　Atacker　Center　Libero

AR動画でココをチェック！

①フェイントに入る前の一連の動作
②フェイントする際のボールタッチ
③フェイントでボールを落とす位置やボールの勢い

3

フェイントされた相手ブロッカーは、ブロックを崩される。

CHECK！

攻撃パターンとして
フェイントを活用する

フェイントは相手ブロックの手の端に軽く当て、ブロックアウトを狙ったり、リバウンドをもらってプレーを立て直すときにも有効だ。トスが乱れたり、体勢が崩れたときのスパイクが打てないときの逃げ道ではなく、攻撃パターンのひとつとして習得しよう。

PART3 スパイク技術をマスターする

手首を使ってボールコントロールする

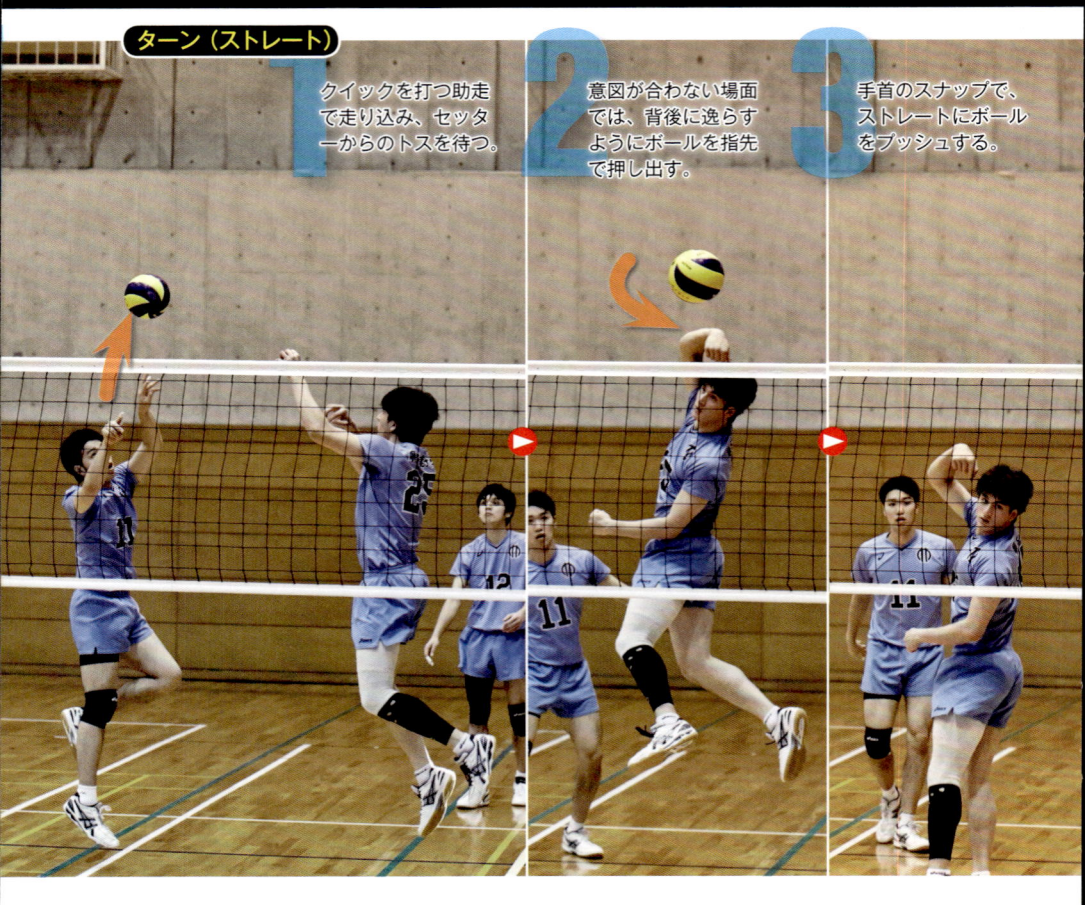

ターン（ストレート）

1 クイックを打つ助走で走り込み、セッターからのトスを待つ。

2 意図が合わない場面では、背後に逸らすようにボールを指先で押し出す。

3 手首のスナップで、ストレートにボールをプッシュする。

意表をついて相手のリズムを崩す

スパイクと見せかけて、ブロッカーの背後にボールを落とすテクニックをプッシュという。

前ページで解説したプッシュと同様に、攻撃のひとつとして駆使することが成功のカギ。スナップを効かせて、ボールを押し込むように落とすのがプッシュは、フワリと落とすフェイントよりも鋭角にコースを狙える特徴がある。

5本の指全でボールをとらえ、手首に力を入れて、スナップを返す力でボールをコントロールする。繰り出すタイミングは、フェイントと同じようにブロックのおり際を狙うのがベター。両サイドのコーナーに長めに落とすと、相手もレシーブしにくく、決定率もアップする。

AR動画でココをチェック！ ……………………… 動画は1:24秒から開始

①プッシュに入る前の一連の動作
②プッシュする際のボールタッチ
③プッシュでボールを落とす位置やボールの勢い

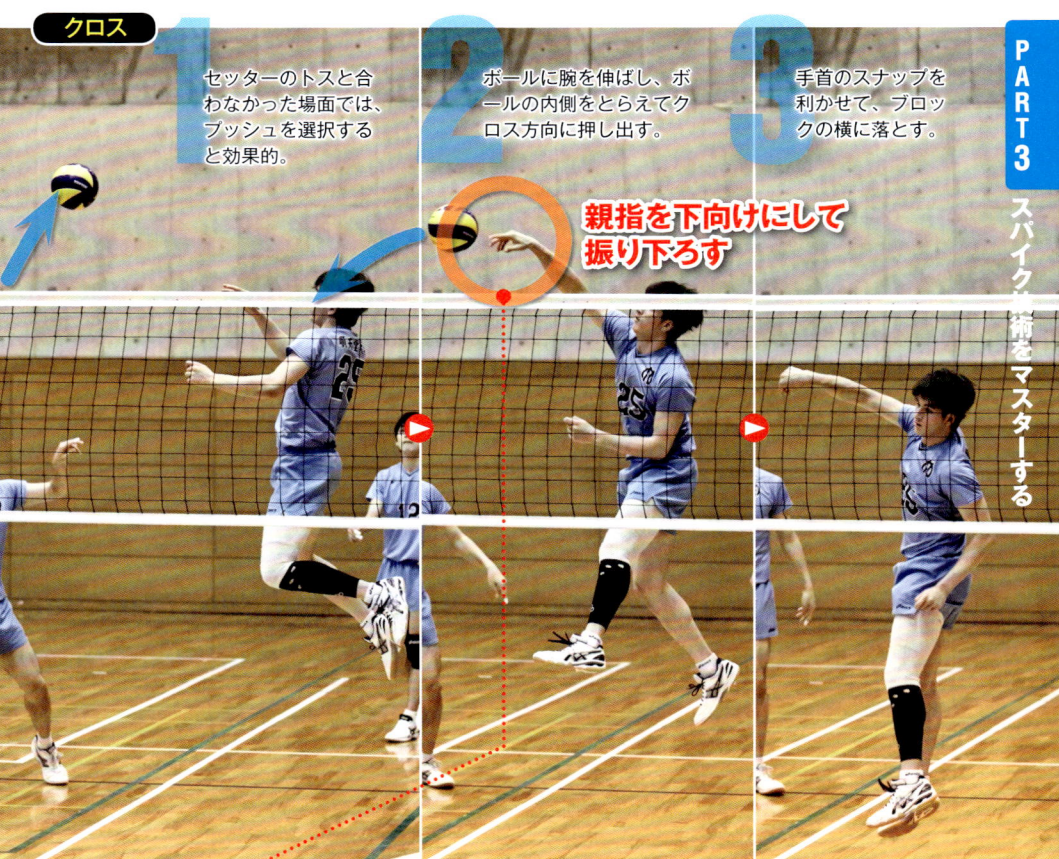

クロス

1　セッターのトスと合わなかった場面では、プッシュを選択すると効果的。

2　ボールに腕を伸ばし、ボールの内側をとらえてクロス方向に押し出す。

3　手首のスナップを利かせて、ブロックの横に落とす。

親指を下向けにして振り下ろす

POINT　クロスへのプッシュは、親指が下になるように腕を振り切り、ボールの内側をインパクトする。クロスのコースへは、小指が下になるようにボール中心から外側をインパクトする。

クロス

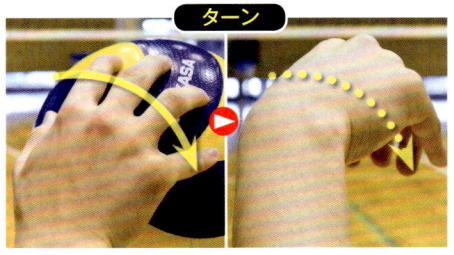

ターン

相手ブロックを利用して得点を狙う

1 ブロッカーのサイドライン側の手のひらの端に狙いを定める。

2 スピードを調整しながらコントロール重視で、手首をひねって弾くように打つ。

ブロックの端を狙って当てる

　ブロッカーの手にボールを当てて、コートの外に弾き出すのがワンタッチアウトだ。相手ブロックが目の前に立ちはだかっても、このワンタッチアウトで得点を狙うことが可能になる。

　相手ブロッカーのサイドライン側の手のひらの端を狙って、ボールを当てることがポイント。一連の動作では、スパイクする

と見せかけて瞬時に狙いを変える。

　ただし、数センチのズレでブロックされてしまうリスクがあるので、しっかりしたコントロールを身につけたいところ。ブロックを恐れるあまりサイドライン側に打つと、サイドラインの外に落ちたり、アンテナに当たって反則をとられるので注意が必要だ。

AR動画 でココをチェック！

①ワンタッチアウト狙いのスパイクの打ち方
②インパクトの瞬間の手の使い方
③ブロックに当たった後のボールの軌道

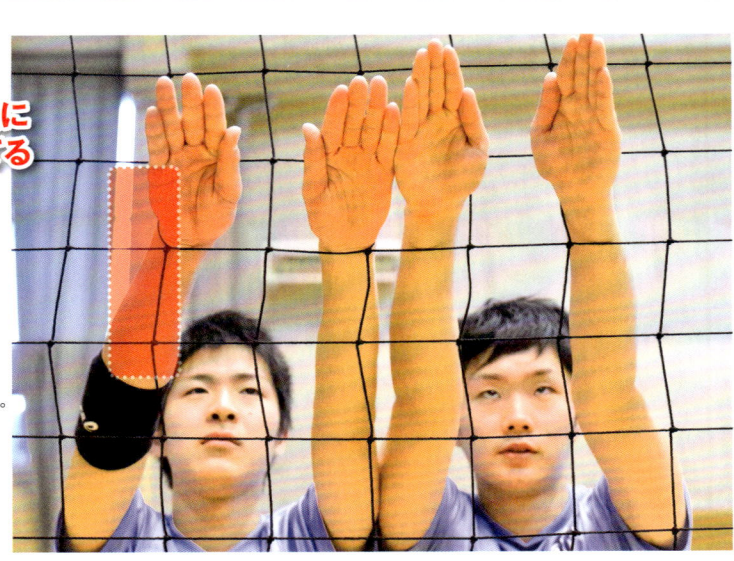

POINT
ブロックの端に
ボールを当てる

狙いはブロックの外側の端だ。これにより、ラインの外にボールを弾くことができる。ブロックに当てられないと、アウトになって失点しまうので正確なコントロールが要求される。

COLUMN

指先にボールが
当たるとケガをする

指先を狙ってワンタッチアウトを狙うと、ブロックが触れなければアウトになりやすい。指先に強打されたボールが当たれば、大きなケガになりかねない。ブロックの正しい構えは、100ページで解説しているので、ブロッカーはまず正しい手の形でブロックを試みよう。スパイクする側も指先をかすめてワンタッチアウトを狙うのではなく、手のひらの端に当てて、サイドアウトを狙うことを心がけよう。

チャンスボールを直接打ち込む

1 相手から返球されたボールのスピードやコース、落下点を予測する。

2 落下地点が読めたら、スパイクを打つ準備体勢に入る。

3 ネット際でジャンプをはじめる。

その場ジャンプで踏み切る

ネット際のその場ジャンプでチャンスボールを叩き込む

　相手から返球されたチャンスボールをネット際で直接打ち込むのがダイレクトスパイクだ。

　自チームがスパイクを打ったあとに、相手レシーブが乱れて直接ネットを越えてきたときや、相手がスパイクを打てず、甘いボールを返球してきた場合が狙い目となる。**ネット際で、助走なしでジャンプして打つ場合が多いため、ボールをとらえる位置が低くならないように注意しよう。**

　また試合中のラリーでは、ダイレクトスパイクを打つか、ブロックやフェイントで返すか、またはレシーブをして改めて攻撃するかなど、瞬時に状況を判断する必要がある。

① チャンスボールに対してのネット際での準備
② 助走をとらないスパイクのフォーム
③ 相手ブロックを回避するコースを狙ったスパイク

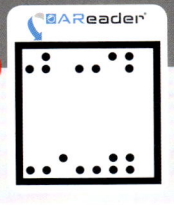

上体を反らし
バックスイング

空中で上体を反らして、
腕を振りあげる。

相手ブロッカーやリベ
ロを避けてコースを狙
って打ち込む。

POINT

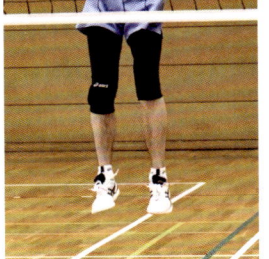

助走がない分、ボールにパワ
ーを与えづらい。インパクト
は体の前で行い、鋭角に打ち
込めるように動作しよう。落
下点に対して踏み切り位置が
前になると、体が仰け反って
力のないスパイクになるので、
やや後ろで踏み切る意識を持
つことが大切。

CHECK！

相手ブロックを警戒して
スパイクを決める

チャンスボールが返ってきた場合、相手ブロッカーも必
死に止めてくる。しかし枚数は多くないはずなので、冷
静に見極めてブロックにかからないスパイクを心がけよ
う。スパイクが厳しい状況ならばレシーブし、セッター
にパスして攻撃を組み立て直すことも必要だ。

三つのコースからスパイクを打つ

レフト

センター

アタッカー　セッター

センター

1. アタックラインの後ろでレシーブし、セッターにつなぐ。このとき、オーバーハンドでも可。

2. セッターがオープントスをあげるタイミングに合わせ、助走を開始する。

3. 強く踏み込んでハイジャンプ。体を反らせて右腕を振りかぶる。

4. 最高打点でボールをとらえて、オープンスパイクを鋭角に打ち込む。

レフト

1. アタックラインの後ろでレシーブし、セッターにボールを返す。

2. セッターにボールが入るタイミングで、レフトへと助走を開始する。

3. オープントスにタイミングを合わせて、高くジャンプする。

4. ブロックを避けて、オープンスパイクを力強く打ち込む。

ライト

アタッカー

アタックラインの後ろでレシーブし、トスしやすいボールをセッターにつなぐ。

セッターにボールが渡るまでにライトに移動し、トスに合わせて助走開始。

オープントスへとまっすぐ入っていき、タイミングを合わせてジャンプ。

ブロッカーを確認し、ライトでオープンスパイクを打ち込む。

レシーブからの
オープンスパイクを練習する

スパイクにはレフト、ライト、センターという三つのポジションがある。バレーボールにはローテーションがあり、立ち位置が変わるスポーツなのであらゆるポジションから質の高いスパイクを打てることが理想だ。

そのためには各ポジションでオープンスパイクの練習を徹底する。**狙うコースもブロックの状況に合わせて、ストレートやクロスなど打ち分けることが大切**。「踏み切りのタイミングが合わない」「ジャンプの高さが足りない」「セッターのトスと合わない」など、練習段階からチェックしておこう。

上達レッスン

1枚ブロックを外して
スパイクを決める

相手はオープンスパイクに対してブロッカーをつけてくる。高い打点でしっかりボールをとらえないと、ブロックにつかまってしまう。セッターとのコンビを高め、十分な体勢でスパイクが打てるよう助走からジャンプ、スパイクの流れを練習しておこう。

クイック攻撃を練習する

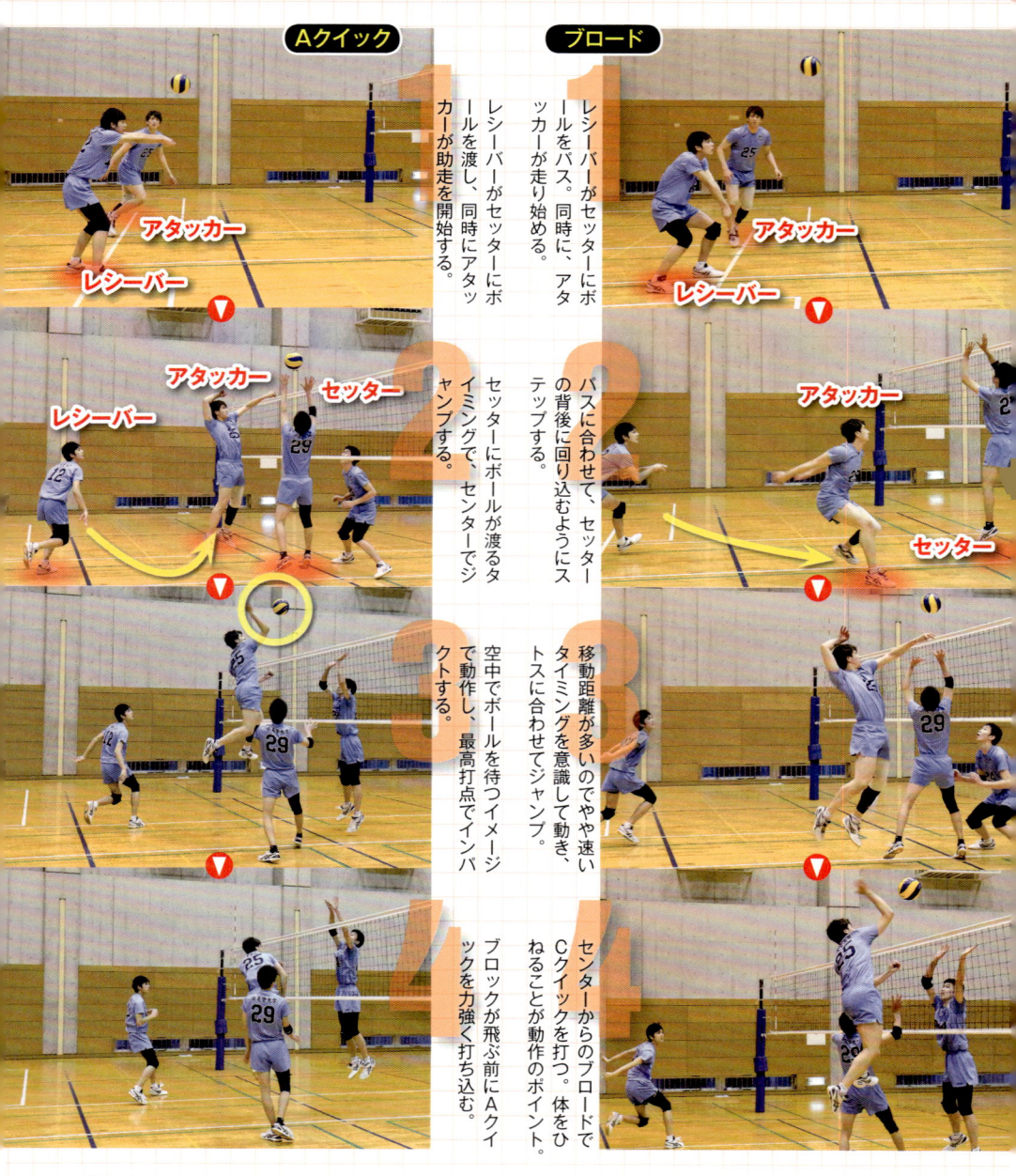

Aクイック

1 レシーバーがセッターにボールを渡し、同時にアタッカーが助走を開始する。

2 セッターにボールが渡るタイミングで、センターでジャンプする。

3 空中でボールを待つイメージで動作し、最高打点でインパクトする。

4 ブロックが飛ぶ前にAクイックを力強く打ち込む。

ブロード

1 レシーバーがセッターにボールをパス。同時に、アタッカーが走り始める。

2 パスに合わせて、セッターの背後に回り込むようにステップする。

3 移動距離が多いのでやや速いタイミングを意識して動き、トスに合わせてジャンプ。

4 センターからのブロードでCクイックを打つ。体をひねることが動作のポイント。

アタッカー／レシーバー／セッター

Dクイック

レシーバー

アタッカー

おとり
アタッカー

セッター

アタッカー

セッター

レシーバーがセッターにボールを渡し、アタッカーはセンターから助走を開始。

トスに合わせてライトの位置で助走。同時に、センターから別のアタッカーも走り出しおとりになる。

Bクイックをライト側で行うDクイック攻撃をしかける。セッターはバックトスであげる動作となる。

タイミングを合わせて強くインパクトし、Dクイックを成功させる。

レシーブからの
クイック攻撃を練習する

　Aクイック、Bクイック、Cクイック、ブロード攻撃などセッターとのコンビで完成するスパイクを練習しよう。セッターからボールを入れてもらい、レシーブをセッターにパス、その後はクイックで攻撃する。相手ブロッカーにはどのクイックで攻撃するか、教えないのでブロックの技術や駆け引きもスキルアップする。

　練習が進んだら、もうひとり攻撃側の選手を入れて、おとりを使った時間差攻撃なども試してみよう。**どの攻撃もスパイクを打つ技術の高さとセッターのトスの精度が求められる。**すべての攻撃で決定率があがるよう練習を積み重ねよう。

上達レッスン

相手の攻撃を読んで
ブロックにつく

スパイク練習という攻撃側の練習がメインではあるが、相手役のブロック練習としても大いに役立つ。この場合は、「約束練習」にはせず、クイックや時間差攻撃をしっかり読んでブロックにつかなければならない。セッターの目の動きやトスの角度、スパイカーの体勢など駆け引きをしながらブロックに入る。

95

レシーブから攻撃を組み立てる

アタッカー　レシーバー

アタッカー

相手コートから打ち込まれるサーブを、レシーブしてセッターへ正確に返す。

レシーブした選手を含む三選手が、サーブレシーブに合わせて助走を開始する。

セッターが状況を見てクイックや平行など攻撃を選択し、自由にトスをあげる。

トスがあがったアタッカーが、スパイクを打ち込んで攻撃を成功させる。

丁寧にセッターに返して攻撃する

　自コートに三選手が入り、相手コートから入れてもらったサーブをレシーブしてから攻撃をする練習。実戦に近いのでレシーブはもちろん、その後の攻撃パターンの構築にも役立つ練習だ。レシーブが乱れてしまうと、その後の攻撃は機能しない。**寸分の狂いもなく、セッターに返球できるよう、丁寧にレシーブしよう。**

　セッターに返したパスは、クイックや時間差攻撃など相手ブロッカーをかわしてスパイクを決める。何度もブロックにかかるようなら、どこが悪いのか対策を講じよう。

CHECK!

トスが乱れても攻撃を完成させる

仮にレシーブでミスしてしまったり、トスが乱れたとしても攻撃はやり遂げる。リベロにとられにくい相手コート後方にスパイクすることが理想。常にレシーブとトスが思い通りにあがらないことも想定して、準備しておく必要がある。

POSITION ▶ Setter Attacker Center Libero

連続してスパイクを決める

ミスなくスパイクを決められる 体力と精神力を養う

　スパイクを打つフォームは、フィジカル的にも厳しい動作だ。長丁場の試合や勝負どころのスパイク場面でミスしないためには、**1本1本のスパイクをしっかり打つ体力と精神力が求められる。**

　この練習では「連続で10本のスパイク成功」などルールを決めて、レシーブからセッターへパスし、セッターがあげたトスをスパイクして決める。ミスした場合はカウントをゼロに戻してスタートするが、制限時間を設けてクリアできない場合は、簡単な筋力トレーニングなどの罰ゲームを実施する。

レシーブを センターへ

アタックラインの後方で構え、ボールをレシーブしてセッターにつなぐ。

レフトで スパイクを 決める

レシーブからそのままセンターに走り込み、スパイクを打ち込む。

ライトで スパイクを 決める

打ったらすぐに同じようにコート中央でレシーブし、ライトに移動してスパイクを打つ。

レフトに戻って スパイクを 決める

ライトからコート中央に戻ってレシーブし、すぐさまレフトに移動してスパイクを打つ。

CHECK!

フットワークを駆使して コートを走り抜く

ブロックが入らないスパイク練習なので、ネットに当ててしまったり、フェイントは1本とカウントしない。キレイなスパイクのみをカウントする。身長が低い選手は厳しいルールだが、フットワークを駆使して粘り強くコートを走り抜くことが大事。

BAD

バレーボール選手に適したバランスのとれた食事

　選手としてレベルアップするためには、食事にも気を配らなければならない。筋力や体力の源となる栄養をしっかりと摂らないと、パフォーマンスやスタミナを維持できなくなったり、ケガのリスクが増加する場合もある。成長期の選手は、充実した食生活や食材選びの知識が、成長を促す上で必須だ。

　食生活の基本は栄養のバランスの良い献立を、三食しっかりと食べること。加えて、スピードが要求されるバレーボールに適したエネルギー源の供給を意識したい。スピードに関係するエネルギー源とは、炭水化物だ。米に代表される穀類、パンや麺の素となる粉類に多く含まれるので、積極的に摂取しよう。

　反対に、脂肪はスピードを落とす原因になるので注意。とはいえ、脂肪を避けて肉をメニューから取り除いてしまうと、筋肉の源となるタンパク質が摂取できないので、魚やささみ肉、卵、牛乳、大豆など油の少ないものを選んで食べよう。

食事のポイント

- ●バランスの良い献立をしっかり三食。
- ●炭水化物を充分に摂取する。
- ●動物性脂肪（牛肉・豚肉・鶏皮）、揚げ物は避ける。
- ●魚・卵・牛乳・鳥ささみ・大豆などの豆類でタンパク質を摂る。
- ●水分はミネラルウォーター・お茶・牛乳・100％果汁ジュースで摂る。
- ●小魚や乳製品からカルシウムを多く摂取し、体のキレを良くする。
- ●松の味やひまわりの種に含まれる亜鉛成分は筋力アップに効果的。

PART 4

ブロック技術を磨く

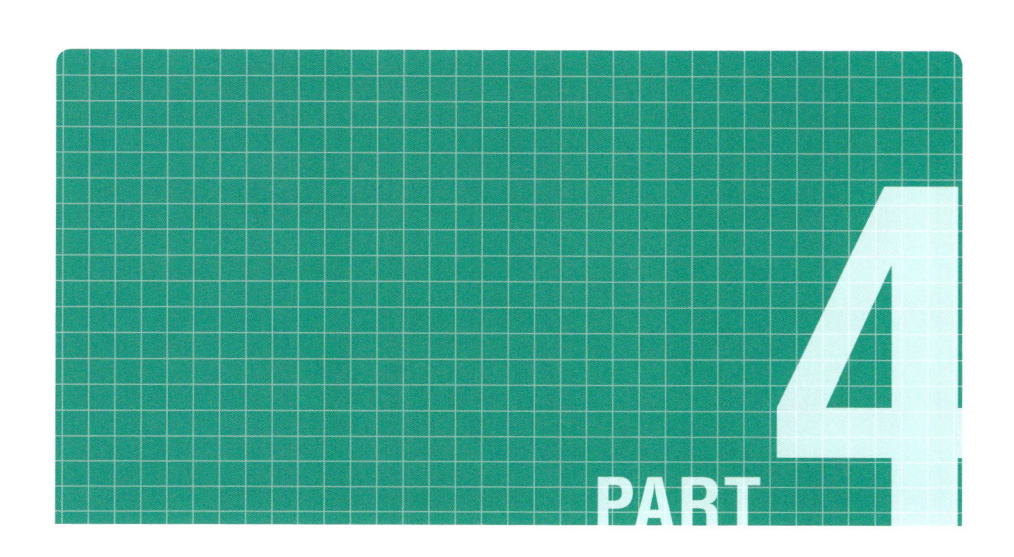

BLOCK

両腕を揃えてスパイクをブロックする

両手を指を揃えて開き、顔の前で平行に構える。

POINT

手を卵型にして指は開かない

SIDE

両腕をナナメ前に伸ばし、手首をやや曲げて手でボールを覆う。

両手で壁をつくりスパイクを叩き落とす

前衛の選手は相手コートにボールがある守備の場面では、ブロッカーとしてプレーする。ネット際でジャンプして両手で壁をつくり、相手選手のスパイクを阻止する「ブロック」でボールを叩き落とすのだ。守備でありながら得点につなげられるため、成功すると試合の流れをつかむことができる。特にミドルブロッカーの選手にとって

重要なプレーとなるため、技術を身につけて高く強い壁となり、相手チームにプレッシャーをかけよう。

成功させるためには、ジャンプと同時に腕を相手コート側へとナナメに伸ばす正しいフォームの習得が必須。その上で、実戦のなかでも相手の攻撃を読むことができる判断力を身につけよう。

スパイカーの腕の振りに合わせてブロックを伸ばす

3 スパイカーの腕の振りに合わせて、腕を伸ばす方向を変える。

4 厳しいコースに打ってきた場合もしっかりと腕を伸ばしきる。

LEVEL UP !

2人並んで形をつくり 2枚ブロックのイメージをつくる

形を身につけることができたら、チームメイトと横並びになってフォームをとってみよう。ブロッカー同士の距離感などを体感して、2枚ブロックに取り組む際のイメージづくりになる。まっすぐ腕を伸ばすフォームをとれたら、呼吸を合わせて腕を左右に振ろう。

着地から2歩でブロックする

2歩目を着地した ところで両足を揃 える。

スパイクの助走をイメ ージして、逆側の足を ネット際に踏み込む。

POINT
体はネットに
正対する

ステップの勢いを助 走にして、真上に高 く跳びブロックする。

2歩のステップで素早く移動してジャンプする

　ブロックでは、相手選手がスパイクを打ってくる位置まで素早く移動する必要がある。ミドルブロッカーの選手なら相手コートのレフトにトスがあがったらライトへ動くなど、その都度ポジショニングしてブロックを形成するのだ。トスからスパイクまでの時間は非常に短いため、スムーズな動作が要求される。その際に用いるのが、ステップだ。

　ポイントは2歩のステップで移動すること。**やや回り込むように足を運んで勢いをつけ、ステップをそのまま助走にして高くジャンプする。**このとき、空中で体を軽くひねって体の正面とネットを平行にすることが重要。これにより、壁の面が大きくなる。

AR動画でココをチェック！ ……………………………………………

①着地後のステップの仕方
②ステップから踏み切りのタイミング
③ジャンプからブロック、着地の仕方

3 着地したら進み足を
ナナメ後方に踏み込
み1歩目のステップ。

2 真上にジャンプして
両腕をナナメ前に伸
ばしブロックする。

1 センターに立ち両手
をあげてブロックの
構えをとる。

センターの位置
クイック対策の
ブロックジャンプ

着地したら
すばやく
ライトへ移動

CHECK!

BAD

ステップの勢いで
体が流れないように注意する

スピードに乗って移動するため、その勢いのまま空中で
体が横に流れてしまうことがある。バランスを崩すと2
枚以上のブロックをしている場合に味方選手と接触した
り、タッチネットする危険がある。ジャンプする際にや
や内側にジャンプすれば、真上に跳べるので意識しよう。

3歩のステップで素早く移動する

両足を揃えて真上にジャンプし、ブロックする。

3歩目の足を、腕を後方に振りながらネット際で踏み込む。

2歩のステップは大きく、進行方向に足を踏み込む。

高さのない選手はステップを1歩増やす

　相手アタッカーのクイックや両サイドの攻撃に対し、ブロックはコートの中央から端までの移動を2歩で行う。そのため、身長の低い選手にとっては難しい。無理やり2歩で移動しようとすると肝心のジャンプに高さが出ないので、3歩のステップを習得して確実に移動できるようになろう。

　2歩のステップとの違いは、**1歩目に進**行方向と逆側の足を真横に踏み込むクロスステップを使うこと。着地からすぐに足をクロスさせて体を進行方向に寄せ、半歩程度進んだところから2歩のステップを始めることで、端まで移動できるようになる。

　3歩のステップをするべき身長の目安は185cm未満。歩幅に合ったステップを使って、スムーズにブロックしよう。

AR動画でココをチェック！ …………………………… 動画は1:04秒から開始

①着地後のステップの仕方
②ステップから踏み切りのタイミング
③ジャンプからブロック、着地の仕方

PART4 ブロック技術を磨く

3
逆側の足を進行方向側へ、真横に踏み込む。

2
両足で着地し、重心を進行方向側の足に乗せる。

1
中央でジャンプし、ブロックする。

**センターの位置で
ブロックジャンプする**

**着地したら
ライトへ移動**

**POINT
クロスステップで
1歩目を踏み出す**

LEVEL UP !

余分な1歩分の時間を
リズムよく動作して短縮

着地からすぐに進み足を踏み込める2歩のステップと比べて、3歩のステップは体を進行方向に寄せる1歩が必要になる。この短縮のために重要になるのがリズムだ。素早くスムーズに動作できるリズムが身につけば、3歩でも2歩と同等のスピードで動くことができる。

3歩ステップ   2歩ステップ

複数ブロック

複数枚のブロックで強固な壁を形成する

3 並んだ状態でブロックし大きなカベをつくる。

2 センター側のブロッカーが声をかけて踏み切る。

1 相手スパイカーの動きに合わせて、コートを横に移動する。

基本形・ライト側

POINT
声をかけジャンプのタイミングを合わせる

ブロックの枚数を増やし守備力をあげる

レベルの高いアタッカーを相手にする場合には、1枚のブロックでは足りない。その際には壁の左右を抜かれないように、複数人でブロックする。最大3枚によるブロックが可能だが、2枚のブロックが基本となる。

ポイントはブロッカー同士がぴったりと横並びになること。**距離が空くと、その穴**を通されてしまうので注意が必要だ。また、タイミングを合わせることも重要になる。互いに声を出し、同時にジャンプしよう。

なお、複数枚のブロックはクイックなどの速い攻撃に対して繰り出すのは難しいので、時間のあるオープントスや、レフト・ライトからの攻撃をしかけられた場面で用いるのがセオリーだ。

①ブロックに向かうステップ
②2人同時に行う踏み切りのタイミング
③ジャンプからブロック、着地の仕方

1 相手スパイカーの動きに合わせて、コートを横に移動する。

2 声出しに合わせて呼吸を合わせて同時にジャンプする。

3 高く跳び、着地するまで腕をあげたままにする。

PART4 ブロック技術を磨く

基本形・レフト側

CHECK!

3枚ブロック

3枚ブロックで相手チームのエースを封じ込める

3枚ブロックはスパイクのコースをほとんど消すことができる有効なプレー。相手エースを封じ込めたい場面で効果的だ。しかしタイミングを合わせるのが難しく、予測が外れた場合ほかのスパイカーがフリーになる危険も。時間に余裕があるオープントスに対して用いよう。

ブロックの戦術を身につける

センターの選手が中央でブロックする。

センター
ライト
レフト

センターとライトがライト側へステップする。

ライト　センター
レフト

2枚ブロックが踏み切り、レフトの選手は下がる。

レフトの選手はクロスとフェイントに備える。

レフトは
レシーブに入る

前衛の一人が下がって
レシーブに加わる

　相手チームはブロックをかいくぐるためにさまざまなパターンの攻撃をしかけてくる。それらに対応するためには、こちらもまたブロックのシステムを用いて防ぐ必要がある。スタンダードなシステムとして、強打が来る可能性の高いライト（相手のレフト）に二枚ブロックを配置し、一枚残ったレフトの前衛を下がらせてレシーブに入る方法がある。**これにより後衛に厚みがまし、スパイクのストレートとクロス、フェイントの全てに対応可能となる。**

POINT　逆の場面では
ライトが下がる

　ライトにトスがあがった場面では、反対にライトの前衛の選手がレシーブに入る。セッターが前衛にいるローテーションでこの形をとると、レシーブからスムーズに攻撃へつなげられる。

 **AR動画**でココをチェック！ ············· 動画は1:20秒から開始

① 3人ブロックの流れ
② 応用のブロックシステムの動き
③ 3人ブロックのジャンプ、ブロック、着地

縦のブロック　センター
ライト　レフト

前に立つセンターブロッカーがクイックをマーク。

セミおよびオープンのトスに後方の二人が反応。

センターブロッカーも着地らずすぐ二人のあとに続く。

ライト・レフト・センターの並びで3枚ブロック。

3人で三角形を形成し複数の攻撃に対応する

　クイックとセミ攻撃は、スピードが速いためブロックにつきづらい厄介な攻撃だ。対応するためには、ブロッカーの配置に前後の幅をつけるシステムが効果的。**センターの選手を頂点に、その後方に三角形をつくるように二人が並ぶ形をとる**。これにより、前のブロッカーが相手センターから打ち込まれるクイックをマークし、残りの二人がセミトスから繰り出される時間差攻撃やブロードなどをブロックする役割分担が可能になる。

LEVEL UP!

ブロックの種類を理解して使い分ける

　ブロックは「コミット」と「リード」に大別することができる。前者は相手スパイカーの走り込みを見て跳ぶ方法で、トスがあがる前から動けるためクイックなど速い攻撃に対応可能。しかし、読みを外すとフリーで打たれる危険がある。後者は相手セッターのトスの軌道を見て跳ぶ方法で、確実性が高い反面、速い攻撃への対応が遅れるデメリットがある。

正確なブロック技術をマスターする

1 指を揃えて指先を真上に向け、前腕をボールが通らない幅で揃える。パートナーはボールをヒジあたりに押し当てる。

2 前腕を揃えた状態のままキープし、腕をナナメ前に伸ばす。パートナーはボールを押しあてながら上方に動かす。

3 手はボールにかぶせるように、やや下向きにしてブロックする。

面づくり

ブロックの面をつくる

パートナーはボールを押し付ける

POINT

ボールで押されても負けないパワーを身につける

ブロックではスパイクを叩き落とせるパワーが求められる。まずは自分でブロックの構えをつくり、そこにチームメイトにボールを押し当ててもらう。押し返されない力強さを身につけよう。腕の角度を崩さないことがポイント。

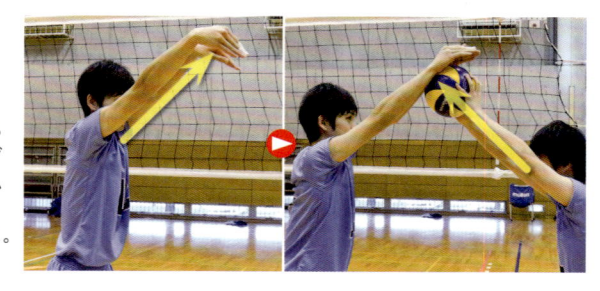

強固なブロックを形成する練習に取り組む

　ブロックは得点を獲得でき、相手チームに精神的な打撃も与えられるため有効なプレーだが、それだけに成功させることが難しい。成功率を高めるために、スパイクの威力に負けない強いブロックをつくろう。

　そのためにまず重要なのが、スパイクを通さない強固な面づくりだ。**試合のとっさの場面でも基本に忠実にしっかりと両腕を**揃えられるように、ボールの形を体に覚え込ませよう。

　加えて、空中でスパイクのコースを見極められるようになるとハイレベルのブロッカーへと成長できる。ただ腕で壁をつくるだけでなく、スパイクをつかまえる技術を身につけることが得点につなげるためのポイントだ。

駆け引き

①ボールを持たずにブロッカーとアタッカーが正対する。
②アタッカーは打つ方向を左右正面いずれかの方向にスパイクのスイングをする。
③ブロッカーはアタッカーの目線を追いかけ、方向を読んでその方向に腕を伸ばす。

アタッカーの目を見て
ブロックを出す

①ブロッカー役を複数に増やして行う。
②ブロッカーは声をかけ合い、ブロックの方向へあわせて動く。
③上達したら、アタッカーとブロッカーはジャンプの動作を加えて行う。

声を出しブロックの
タイミングと方向を合わせる

111

強打を叩き落とす技術を練習する

1 反対コートに台を置き、その上でスパイカーがボールをトスする。

2 ブロッカーはボールの落下に合わせて、センターからステップで移動。

3 台上から放たれる強いスパイクを、ブロックして反対コートに落とす。

POINT

強打を連続して受ける練習であるため、ケガを負うリスクがある。その危険を軽減するために、軍手をはめてブロックしよう。また、アタッカーは痛めやすい指先にボールが当たらないようにコントロールする。

**軍手をはめて練習し
ケガを防止する**

レフト　ライト

コートの半分しか使用しない練習なので、コート上に2つ台を置き、レフト、ライトで練習する。交互に練習すれば、レフト・ライトともにブロック技術を高めることができる。

ライト

レフト

反対コートの台上に立つスパイカーのトスに合わせてセンターから移動。

間隔を開けないことを意識して、2人で同時にジャンプする。

ボールを面でとらえ、真下に落ちるようにブロックする。

ステップを合わせて同時にコート際に入って行く。

センター側のブロッカーが声をかけしてタイミングを合わせる。

腕でしっかりと面をつくり、強打を叩き落とす。

台上からの強いスパイクを腕に力を入れてブロック

　反対コートのネット付近に台を置き、その上から放たれるスパイクをブロックする練習に取り組もう。これにより、ブロックの強さを高められる。**ネットと台の間にボールを落とすことを目標にして、腕に力を込めることがポイントだ。**またこの練習では、ステップ動作も行うため、よりスムーズな移動も身につけられる。なお、ブロックの強さを高める練習なので、スパイカーは際どいコースは狙わずにブロックの中央にボールを当てる。

　2枚ブロックで練習に取り組むと、強さに加えてブロッカー同士のコンビネーションも高めることができる。呼吸を合わせて壁をつくり、強打を真下に叩き落とそう。

指導者は選手の
プレーをメモにとって
アドバイスする

　成長・上達するためには、プレーを反省することが大切だ。しかし、コート上の選手は客観的に自分のプレーを見ることができない。感情も高ぶるため、細かない部分まで冷静に振り返るのは難しいだろう。その際には、コートの外から試合を分析する指導者が、アドバイスを与える。客観的な視点からの助言は、選手にとって自分では気づけない貴重な情報となる。しかし、その内容が曖昧では効果が薄い。指導者は、選手の課題発見につながる有効なアドバイスをしなければならない。

　そのために指導者は、試合中の選手個人やチーム全体の動きを細かくメモに記録する。書き込むことで、その選手の得手不得手やプレーの特徴、メンタル面などが明確になり、具体的な指摘ができるようになるのだ。また記録し続けることでチームの成長過程を把握できるようになるため、長期的なチーム作りを考える上でも有益な作業となる。

メモをとる際には日付を入れ、試合ならセット毎、練習なら種目毎にチェックする。図を入れることができると、選手にアドバイスする際に伝えやすくなる。

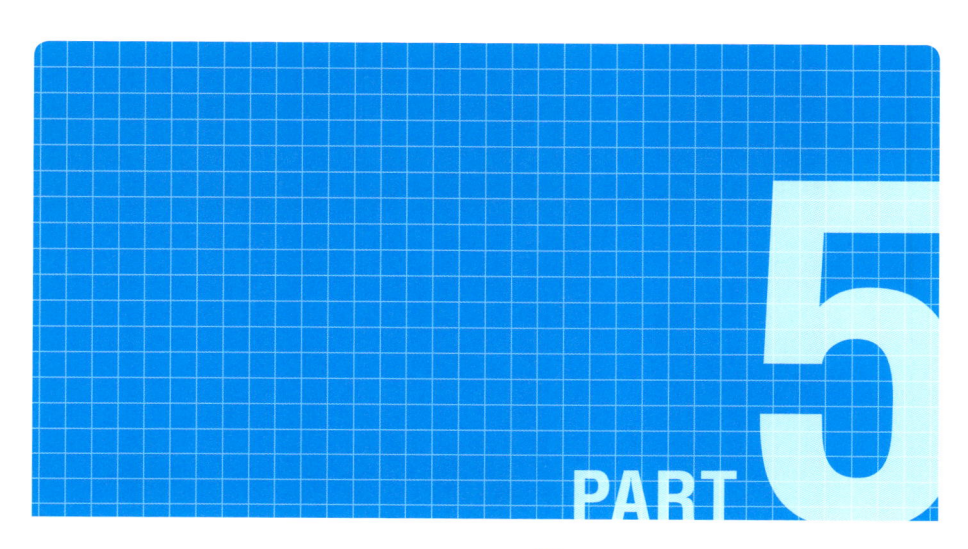

PART 5

サーブで
エースを狙う

SERVE

振り子のように腕を振る

1 片方の手のひらにボールを乗せて構える。

2 打つ方の手は卵を握るような形にして、後方に腕を引く。

3 一歩踏み出し、固定した手のひらの中心にボールを当てる。

手にあるボールを打つようなイメージで

一歩踏み出し腕を振る

コントロール重視で相手コートにサーブを入れる

コートと正対し、腕を後ろから前方へ振りあげて打つのがアンダーハンドサーブ。正しくボールをとらえれば、相手コートに入れることができるので初心者向きのサーブといえる。

安定的なトスでコースを狙いやすいため、コントロール重視のサーブだ。腹の前あたりでボールを構え、腕を後ろから前へ振り子のように振りあげる。**腕を前に振りあげるタイミングで手にあるボールをとらえるように、ボールをすくいあげるように相手コートに向かって打つ。**

腕の力だけで打とうとするのではなく、腕の振りと合わせて後ろ足から前足へ重心移動させることがポイントになる。

でココをチェック！ ······················

①トスを落とすタイミングと腕の振り
②腕振りのスピードと力加減
③振り出した腕の方向とコントロール

4 インパクト後は体重移動に合わせて、斜め上方向に腕を振る。

POINT

手のひらのくぼみにボールを合わせる

ボールが手のひらにフィットするようにくぼみをつくり、インパクト時はその上にボールがくるようとらえる。

BAD

トスはあげない

トスを腕の力であげてしまうと、左右に乱れてしまいインパクトが安定しない。構えたところから落とし、そのボールをとらえることでいつも同じ打点で打つことができる。

サイドハンドサーブ
半円を描くように後方から腕を振る

1 片方の手のひらにボールを乗せて構える。

2 打つ方の腕を、肩と平行になるよう後方に引く。

3 顔の正面辺りに、軽くトスをあげる。

トスは顔の高さに

半円を描くように後ろに引く

顔の正面辺りに低くトスをあげる

　肩越しに相手コートを見るようにして横向きに立ち、腕を横に振りながら顔の前辺りで打つのがサイドハンドサーブだ。正しい打ち方をしっかり習得できれば、初心者でもある程度サーブにスピードを加えることができる。

　バックスイングでは、腕を後ろに半円を描くように引いて、顔の前辺りに低くトス

をあげる。腕は前方へ振り出すと同時にインパクトし、後ろ足から前足に重心移動させる。

　安定感とスピードを出すには、ヒジをしっかり伸ばすことが大事。腕の振りのスピードやボールが当たる瞬間の強弱で、サーブの強さにメリハリがつけられるのでコースを見ながら調整しよう。

118

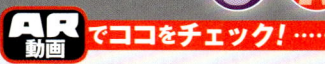

AR動画でココをチェック！ ·········· 動画は0:29秒から開始

①トスを落とすタイミングと腕の振り
②腕振りのスピードと力加減
③振り出した腕の方向とコントロール

4 体重移動しながら、腕を前方に振る。

5 ヒジをまっすぐ伸ばして、腕を振り切る。

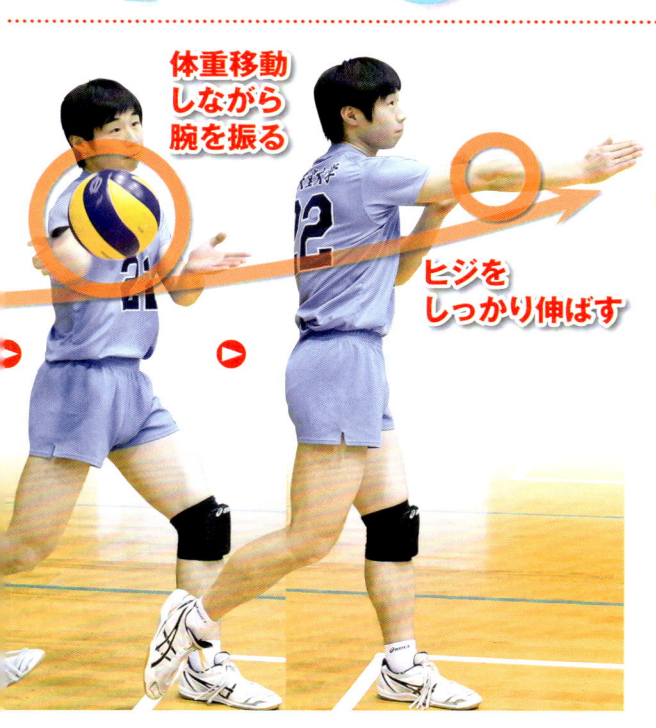

体重移動しながら腕を振る

ヒジをしっかり伸ばす

POINT

トスは顔の高さに抑える

トスを高くあげてしまうとインパクトが乱れてしまう。トスは顔の高さ程度に抑えて、安定したインパクトになるようにしよう。

LEVEL UP!

インパクトが高くなると
サーブの勢いが強くなる

腕の振るはやさが同じなら、ボールをより高い打点で打つ方が強いエネルギーを加えることができる。トスする際に腕をやや上げて、高い位置でインパクトすると、サーブの勢いが強くなる。

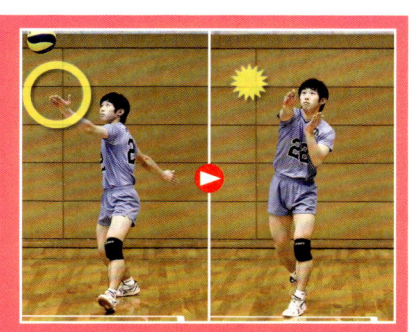

横向きの姿勢から腕を振りあげる

1 コートに対して体を横向きに構える。

横向きに構える

2 頭上に高くトスをあげる。

3 下方から腕を大きく振りあげて、高い打点で打つ。

高い打点でインパクト

縦の腕振りで強いサーブを打つ

　サイドハンドの横の円運動に対して、縦の円運動でボールをインパクトするのがオーバーハンドサーブだ。高い打点でボールをインパクトするため、勢いとスピードがあるサーブを打てる。

　後足から前足への重心移動をしつつ、高いトスであげられたボールをとらえるのでサイドハンドサーブより難易度は高くなる。

その分、正しい動作でインパクトできればボールに強い力を与えることができる。しかし、縦の円運動がしっかりできないと、効果的なサーブを打ち込めないので意識して動作しよう。

　上級者になれば同じフォームで無回転やドライブなどの打ち分けができる。挑戦してみよう。

AR動画でココをチェック！ ……………… 動画は1:15秒から開始

① トスをあげるタイミングと腕の振り
② 腕振りのスピードと力加減
③ 振り出した腕の方向とコントロール

1 利き手と逆側の手でボールを持って構える。

2 腕はあまり振らず、手首のスナップを使ってボールをあげる。

3 利き腕をスイングさせ、ボールの中心を正確にとらえる。

サーブの種類と役割を考える

　サーブにはいろいろな種類があるが、自分がチームに与えられた役割のなかで、どのようなサーブを打てば良いか考えることが大事。

　強く勢いがあるサーブが打てるならば、エースを狙える場面で積極的に打っても良いだろう。相手チームのレシーブに穴があるなら、コントロール重視でそこを狙うサーブも効果的だ。強くスピードあるサーブ、コントロール重視で回転や変化を加えるサーブなど、いくつかのサーブを持っていると試合で活躍できる。

上達レッスン

目標物を置いてノルマを決める

練習では自分で課題をつくって取り組もう。コントロールに不安があるなら、マットなどの目標物を置き、そこを狙ってみる。「連続して〇本を決める」など、数字的な目標をつけ、失敗したらゼロに戻すなどプレッシャーをかけて行うと、本番でも重圧に負けないメンタルが養われる。

反らした体の反動を利用して打つ

1 片手の上にボールを乗せ、左足を前に半歩程度出して構える。

2 ボールを持つ腕を指先までまっすぐ伸ばして、真上にトスする。高くあげすぎないことがポイント。

3 左足に体重移動しながら、体をやや仰け反らせて右腕を振りかぶる。

コートに正対して構える ▶

体を反らす ▶

ツマ先をターゲットに向け前に押し出すように打つ

　フォームが安定しやすくコースを狙いやすいため、主流サーブとされているのがフローターサーブだ。

　アンダーハンドサーブと同様、体はコートと正対して構える。**トスをあげたら上体を反らしてから、腕の力と反らした体を戻す勢いを使って打つ。**

　体を反らすときはヒジを後ろに引きなが

ら体重を後ろ脚にかけ、腕のスイングに合わせて重心を前脚に移動する。腕は振り切るというより、前へ押し出すようにすることがポイント。ツマ先をターゲットに向けると、コースが狙いやすくなる。

　トスの高さがぶれるとミスにつながるので、常に安定したトスをあげられるように練習を重ねよう。

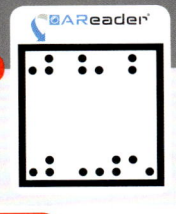

AR動画でココをチェック！

①サーブに入る前の構えとトスの高さ
②トスに対する腕の振り
③インパクトの力加減と方向性

POINT

右手の手首を直角に固定した状態で真上に振りあげてインパクトする。

体の反動を使って勢いをつける

ツマ先をターゲットに向ける

手首を固定したまま、手のひらでボールの中心をとらえる。

CHECK!

ヒジを先行させてスイングし腕を伸ばしてインパクト

腕を前に振る際には、ヒジを先行させる。これにより、スムーズにスイングできるようになる。このとき、インパクトでヒジが伸びるように動作することが重要だ。腕をまっすぐ伸ばした状態でとらえることで、力強いサーブとなる。

高い打点で前に押し出すように打つ

2 右足を前に踏み込んで助走を始め、同時に体の前にトスをあげる。

3 2歩目のステップとなる左足で踏み切り、ジャンプする。エンドラインを踏まないように注意する。

1 エンドラインの2歩程度後方の位置に立ち、体の前でボールを両手で持って構える。

助走と同時にトス

少し助走をつけて斜め上にトスをあげる

フローターサーブにジャンプを加えて打つのが、ジャンピングフローターサーブだ。ジャンプした分、フローターサーブより打点が高くなり、スピードアップできるのが特徴。

少し助走をつけながら斜め上を目安にトスをあげ、前へ押し出すように打つ。助走には後方からエンドラインに向かって走る

「縦アプローチ」や、エンドラインに沿うように斜めに走る「斜めアプローチ」もあるので、自分にあった助走を選ぼう。

ジャンプをしながら打つサーブのため、体のバランスを崩さないように注意が必要。狙ったコースに打ちこむためにも、体幹や腕、肩の力を鍛えて、正しいフォームを維持できるブレない体をつくろう。

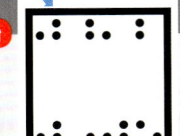

①助走スピードと踏み切りのタイミング
②空中での姿勢とインパクトの強さ
③サーブの方向性と着地

4 ジャンプと同時に右腕を振りかぶり、ボールの落下にタイミングを合わせてスイング。

高い位置でインパクト

5 インパクトする位置が高ければそれだけ、サーブの威力があがる。

6 手のひらでボールのしっかりとらえ、両足で着地する。

PART5

サーブでエースを狙う

POINT

上半身に無駄な力を入れずインパクト

ジャンプという動作が加わったものの、基本的にはボールを手のひらでとらえることに変わりはない。ジャンプに気をとられて、上半身に無駄な力を入れないよう注意。しっかりミートを心がければ、高い打点でとらえたサーブは勢いよく飛んでいくはずだ。

125

手首を使ってボールに回転を加える

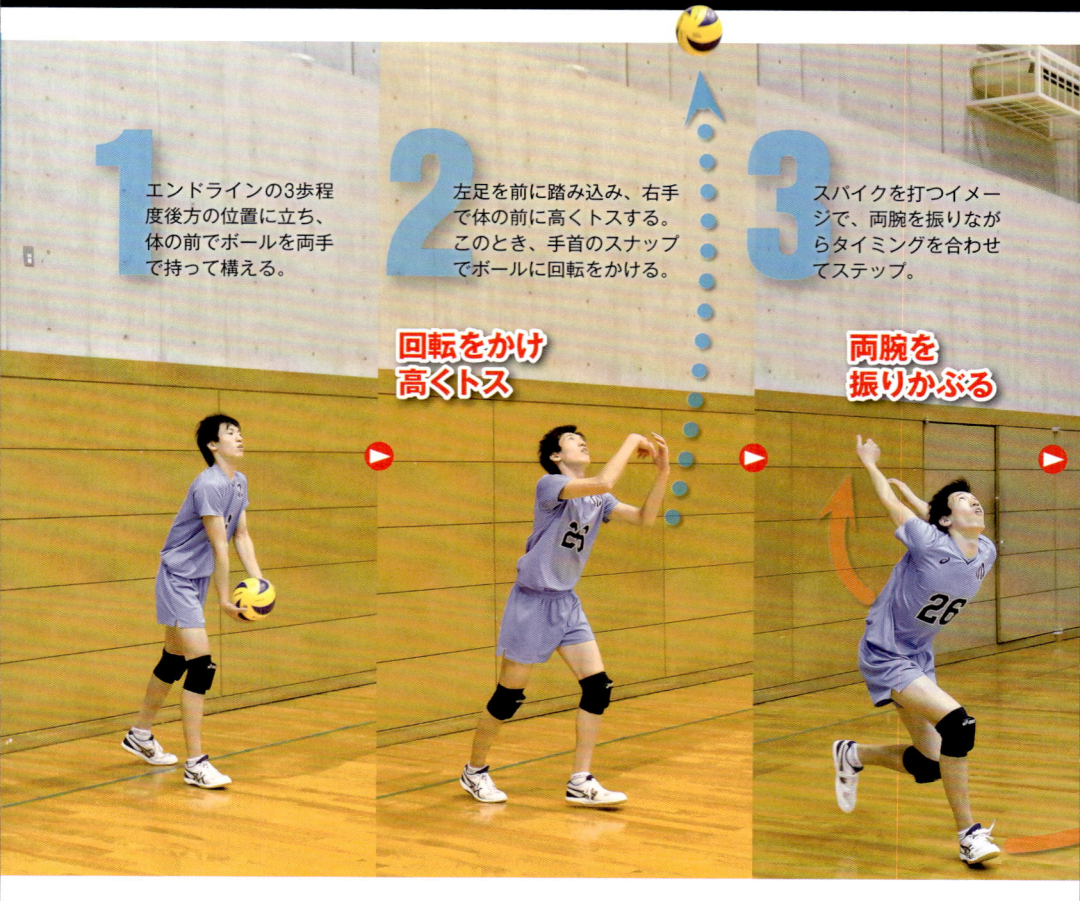

1 エンドラインの3歩程度後方の位置に立ち、体の前でボールを両手で持って構える。

2 左足を前に踏み込み、右手で体の前に高くトスする。このとき、手首のスナップでボールに回転をかける。

回転をかけ高くトス

3 スパイクを打つイメージで、両腕を振りながらタイミングを合わせてステップ。

両腕を振りかぶる

ジャンプした高い打点からボールに強い回転をかける

ジャンピングドライブサーブは、オーバーハンドで腕を振るジャンプサーブのひとつ。フォーム自体はジャンピングフローターサーブとほぼ変わらないが、ボールをとらえるときに手首を効かせてサーブに回転を加える。

ジャンプによる高い打点で強い前回転をかけることで、サーブは低い弾道でネットを越えてから急に落ちる。コントロールや安定感はやや欠けるが、サーブの勢いと変化でレシーブミスを誘える攻撃力あるサーブだ。

ポイントは手のひら全体でボールをとらえ、そのまま下方向に腕を振ること。高い打点でとらえるほど、ボールには強いスピンがかかる。

①助走スピードと踏み切りのタイミング
②空中での姿勢とインパクト時の手首の使い方
③インパクト後のフォロースルーと着地

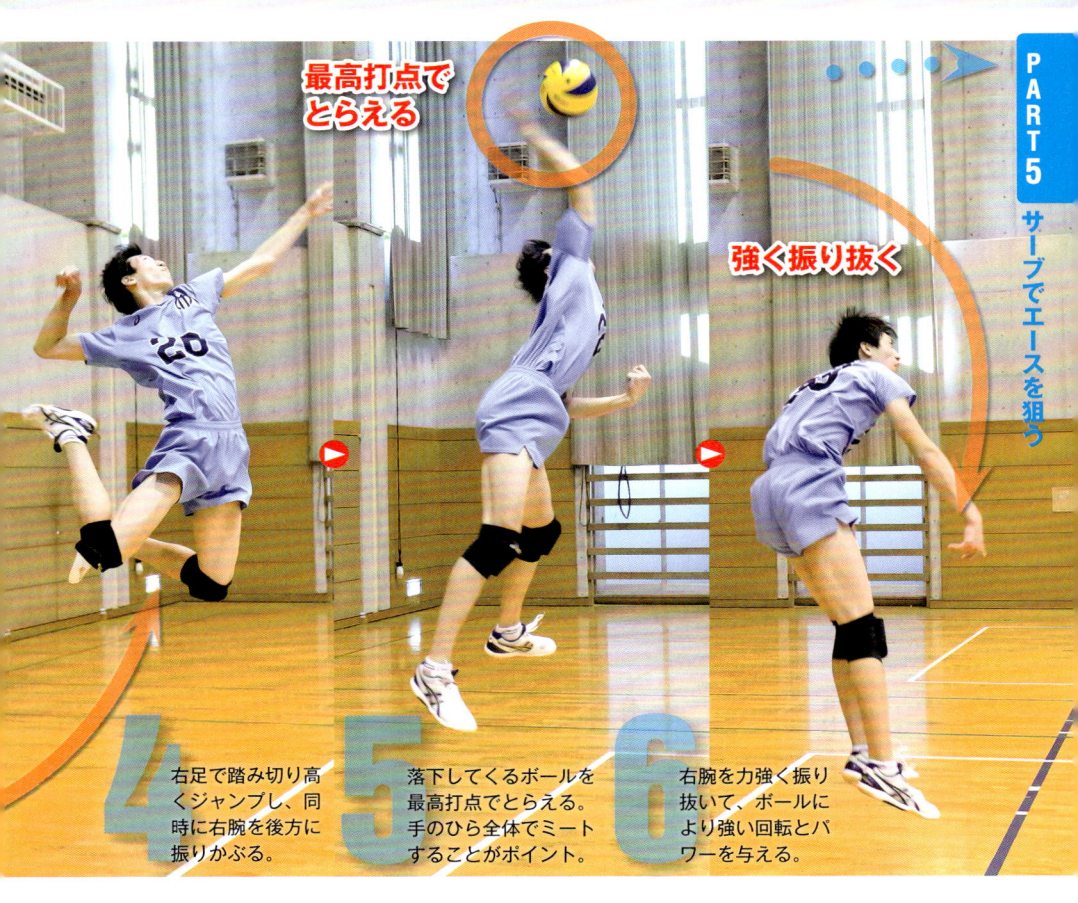

最高打点で
とらえる

強く振り抜く

PART5　サーブでエースを狙う

4　右足で踏み切り高くジャンプし、同時に右腕を後方に振りかぶる。

5　落下してくるボールを最高打点でとらえる。手のひら全体でミートすることがポイント。

6　右腕を力強く振り抜いて、ボールにより強い回転とパワーを与える。

CHECK！

トスに回転をかけて
破壊力をアップする

トスをあげる際は、手首を使ってボールに縦回転を加えると、インパクト後のサーブにも強烈なスピンが加えられる。助走しながらのトスで回転をかける動作は難しいが、精度を高めることでより破壊力のあるサーブを打つことができる。

横回転サーブ
ボールの外側を打ち横回転をかける

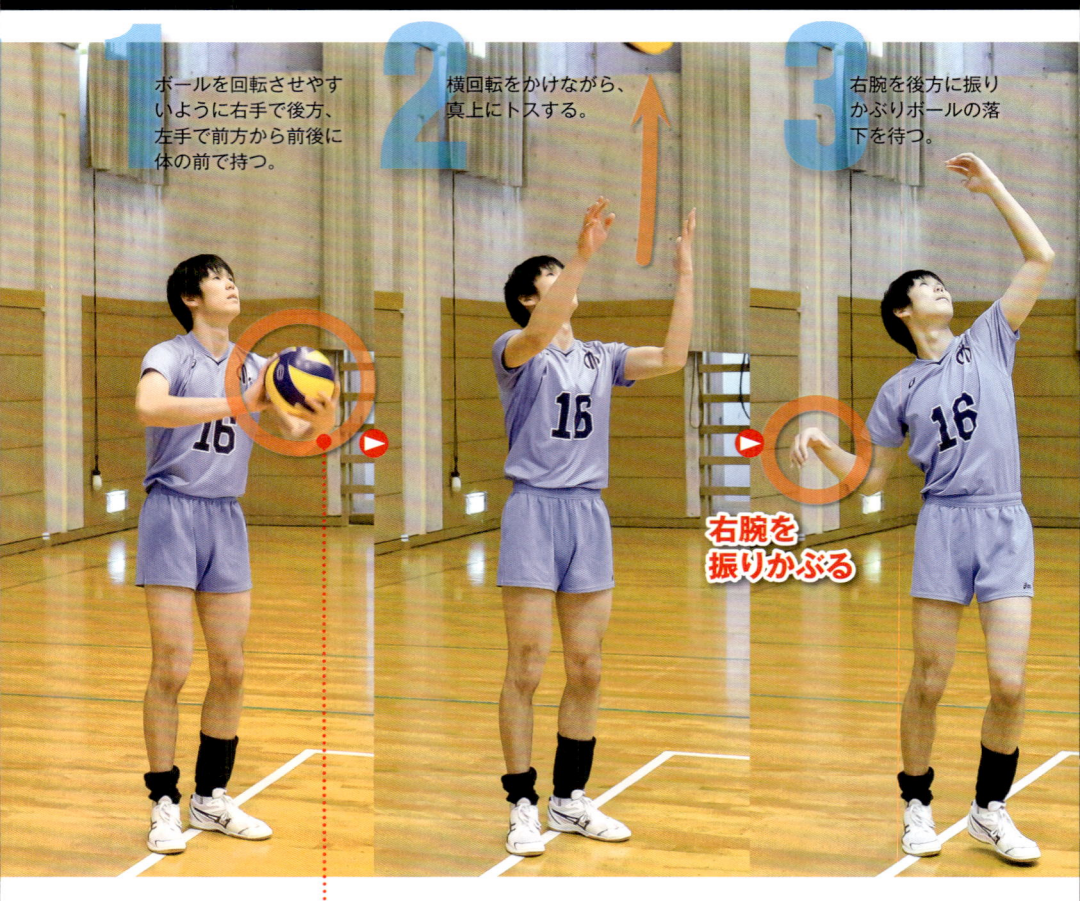

1 ボールを回転させやすいように右手で後方、左手で前方から前後に体の前で持つ。

2 横回転をかけながら、真上にトスする。

3 右腕を後方に振りかぶりボールの落下を待つ。

右腕を振りかぶる

POINT
トスで横回転をかけ回転量を増やす

トスをあげる際は両手で行う。まず両手でボールをはさみ、前後の手を入れ替えるようにしてボールを回し上げると、トスは横回転で上にあがる。この回転するトスをインパクトでさらに横回転を与えることで、サーブの軌道の曲がり幅が大きくなる。

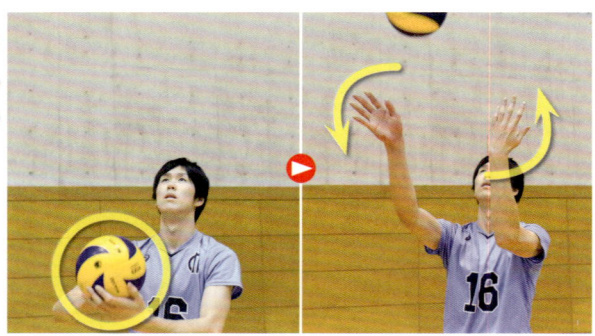

ARreader

AR動画でココをチェック! ･･･････････････････････

①構えと回転トスのあげ方
②腕の振りとボールのとらえ方と
③横回転のかけ方と曲がり具合

4 左足に体重移動しながら、タイミングを合わせて右腕をスイングする。

POINT
ボールの外側をインパクトする

PART5 サーブでエースを狙う

5 ボールの右側をとらえて、より強い横回転をかける。

6 右腕を振り抜く。ヒジ、肩に負担がかかるサーブなので、痛みがある場合は避ける。

右腕を振り抜く

ボールに横回転をかけ変化させる

　横回転サーブはドライブを応用したサーブ。**インパクト時にボールのやや外側をとらえ、横方向の回転をかけることで軌道を曲げる。**右利きならばボールのやや右上をとらえて左回転をかけ、左方向に曲がるサーブを打ち込む。ストレートに打って軌道を変化させ、後衛レシーバーの間に落とすなど、カーブを活用できるコースを狙うと、相手のレシーブを乱すことができる。

　回転量によって曲がり幅が大小するので、より強い回転をかけられるように技術を高めることが大切。強いカーブを打ち込むことができれば、エースも狙える。

　効果的な技術である一方、肩とヒジに負担がかかるので注意が必要だ。痛み感じるようなら習得を見送ろう。

コンディションを数値化し状態を把握する

　試合で優れたプレーをするためには、実力を発揮できるコンディショニングが重要だ。100の能力を持っていたとしても、不調では50も発揮できないだろう。それならば、自分の能力をフルに発揮できるコンディショニング術を持つ70の選手を起用した方がチームにとっては良いのだ。

　とはいえ、コンディションは目に見えないものであるため、調整が難しい。自分の調子を把握できるように、コンディションを数値化する習慣をつけよう。絶好調を10、病気を0、通常の状態を6〜7程度に設定し、練習後に自分のコンディションがどの値だったかを思い返して記録する。合わせて、その日に行ったことを細かく書き込む。これにより、コンディションが上向く時期や練習内容・量、疲労の残り方を知ることができる。コンディションのリズムがわかれば、試合に向けての逆算が可能になり、トップコンディションでコートに立てるようになるのだ。

選手のコンディションを選手やマネージャーが毎日、聞き取りしてノートにつける。そうすることで、チーム全体の調子が向上し、体調に関する個々の選手の意識が変わる。

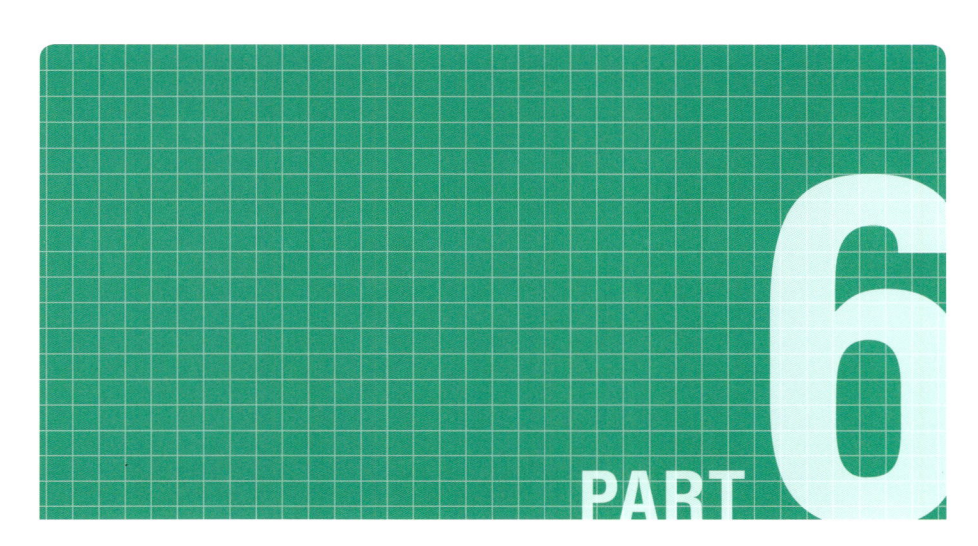

PART 6

コンビネーションとフォーメーションで
レベルアップする

COMBI & FORMATION

アタッカーにボールを供給する

POINT

ジャンプトスをマスター

空中でボールをとらえるトスを「ジャンプトス」という。高い位置でトスすることで、攻撃のスピードを上げられる効果的なテクニックだ。ボールの落下に合わせて、両足で真上にジャンプすることがポイント。クイック攻撃をしかける際に、特に有効だ。

レフトに体を向けた構えでトスアップ

レシーブされたボールを、スパイクにつなげるためにあげるプレーをトスという。主にセッターが行うプレーで、ブロックをかいくぐるためにはさまざまな方向に、多様な軌道でトスをあげ分けられる技術が要求される。トスをあげる際には、センターからややライトに寄った位置で、レフト方向に体を向ける構えをとる。このとき、ネットと体の正面を直角にすることにより、トスをアタッカーへ供給しやすくなる。

ネットに近づきすぎると、味方がレシーブしづらくなるので1m程度離れた位置で構えることもポイント。ゆとりのあるポジションに立つことで、トスをあげる際の対応力がアップする。ここからはトスの種類を見て行こう。

トスの種類のおさらい

大きな放物線を描く
オープントス

　ボールをネットに沿って高くあげるトスを、オープントスという。トスアップからスパイクまでの時間が長いためタイミングをとりやすいメリットがあるが、その分ブロックにとっても守りやすいトスとなる。ブロックの上から叩くことができる高さのあるアタッカーに、供給すると効果的な攻撃になる。

白帯と平行にあがる
速いトス

　ふわりと高くあげるオープントスに対して、高さをつけずに低い軌道でボールを供給するトスが平行トスだ。ネットの白帯と平行にあげる軌道から、この名称で呼ばれる。セッターとアタッカーがタイミングを合わせることがポイントで、うまくいけば相手ブロックの準備が不十分なうちに打ち込める。

低いトスで合わせる
クイックトス

　最も速いクイック攻撃をしかけるクイックトスは、トスアップからすぐにスパイクに持ち込むため低くあげる。基本となるAクイックに加えBクイックやCクイック、ブロードなどがあり、バリエーションが多いとそれだけ攻撃力があがる。精度の高いレシーブがセッターに返ることがしかける条件になる。

PART 6　コンビネーションとフォーメーションでレベルアップする

133

バックトス
背面にトスをあげる

おとりのアタッカー（Aクイックの動き）

アタッカー

相手に気づかれないように動作する

ライト方向にトスする際に、セッターが背面にボールをあげるプレーをバックトスという。レフトとセンターで攻撃を構成しつつ、タイミングを見計らってライトにあげることで相手ブロックの裏を突くことができる。

そのために重要になるのが、通常のトスをあげると思い込ませること。トスアップの前にバックトスを悟られるとブロックが集中するので、**前方向にあげるトスと同じフォームでバックトスをあげる技術が求められる。**

ボールをとらえる瞬間にアゴがあがったり、背中が反るとフォームが大きくなって相手ブロッカーに見破られる。悪い癖がつかないように、特に注意して動作しよう。

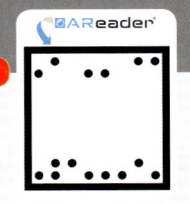

AR動画でココをチェック！ ……………………

①レシーブのボールをネット際で待つ体勢
②後ろにコントロールする体の使い方
③トスしたあとの動作

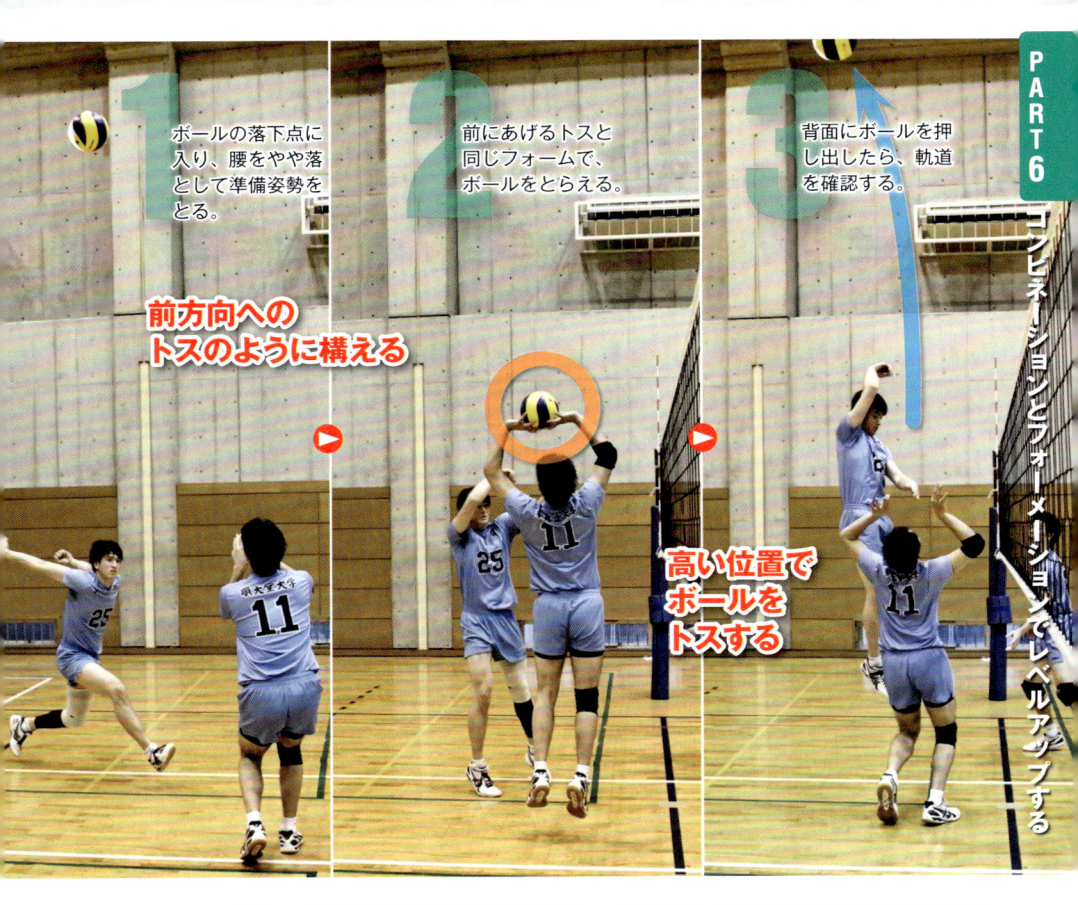

ボールの落下点に入り、腰をやや落として準備姿勢をとる。

前にあげるトスと同じフォームで、ボールをとらえる。

背面にボールを押し出したら、軌道を確認する。

**前方向への
トスのように構える**

**高い位置で
ボールを
トスする**

PART 6

コンビネーションとフォーメーションでレベルアップする

LEVEL UP!

バックトスで
クイック攻撃をしかける

オープンや平行のトスをあげられるようになったら、バックトスでクイック攻撃をしかけられるように技術を磨く。マスターできれば、Cクイックやブロード攻撃などがバリエーションに加わり、より相手ブロックをかく乱できるようになる。

二段トスとツーアタックを身につける

二段トス

POINT
アタックラインの後方で
トスをあげる

アタッカー

応用のテクニックを身につけてレベルアップ

レシーブが乱れてセッターがアタックラインの後方など通常のポジションから離れた位置でトスアップしたり、セッター以外の選手がトスをあげるプレーを二段トスという。アタッカーにとってトスがナナメ後方からあがる難しい状況となるため、**タイミングを合わせやすいトスをあげることがポイントになる。**

また、セッターの直接攻撃プレーとしてツーアタックがある。トスをあげると見せかけて2タッチ目でボールを相手コートに落とすテクニックだ。ギリギリまでトスアップのフォームで動作し、**ボールに触れる瞬間に手首のスナップでボールをプッシュする。**意表をついて繰り出すことが決めるためのポイントだ。

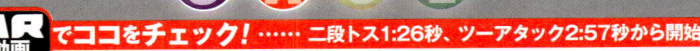

AR動画でココをチェック！ …… 二段トス1:26秒、ツーアタック2:57秒から開始

①二段トスでアタッカーへトスする軌道
②ツーアタックを繰り出すタイミング
③ツーアタックでのスナップを使ったコントロール

ツーアタック

POINT
トスを上げる
フォームから
プッシュする

11

LEVEL UP !

セッター以外の選手も
トスの技術を身につける

二段トスでセッター以外の選手がトスアップする場面で
も、スパイクに持ち込めるようにチーム全員がトスを身
につけておくべき。アタックラインの後方からオープン
でトスする技術をマスターしよう。あげる方向に体を向
けることがポイントだ。

5人で「W」のフォーメーションを組む

POINT
自コートから見て
W型にフォーメーションを組む

セッター以外の選手がサーブレシーブを担う

　サーブレシーブの場面では、相手サーバーがどこに打ち込んできてもレシーブできるようにフォーメーションを組む。その最も基本的なものがW型フォーメーションだ。アタックライン後方のコートを、前3人後ろ2人の「W」の形で守るフォーメーションで、**まんべんなく選手を配置するため1人の担う守備範囲が狭く、穴が少ないこと**が特徴。その一方で間に打ち込まれると混乱しやすいので、即座に対応できるチームワークが要求される。

　なおセッターは、トスをあげるための2タッチ目を担うのでサーブレシーブには参加しない。前衛時はアタックラインの前にポジションをとり、後衛時はサーブが打たれた瞬間に前に出る。

 **POSITION** Setter Attacker Center Libero

セッターが後衛ライトにいるローテーションでは、すぐ前にいる前衛の後ろに立ち、サーブが打たれた瞬間にその選手の外側（右）から回ってアタックラインの前に入る。

セッターが後衛ライトの場合

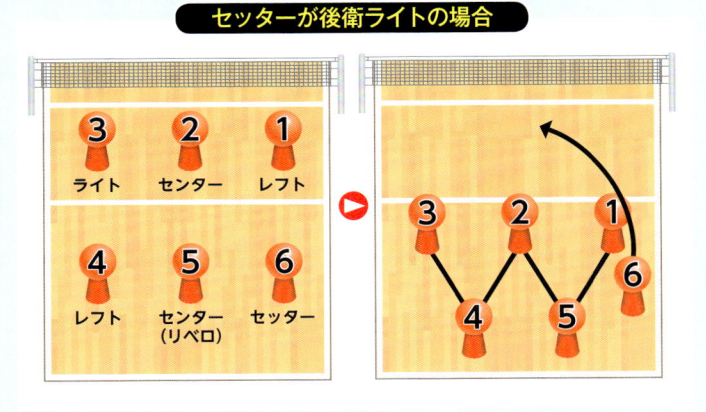

セッターが後衛センターにいるローテーションでは、すぐ前の前衛（本来のポジションは自分の対角のライト）の後方に立ち、サーブが打たれた瞬間に前に走り込む。

セッターが後衛センターの場合

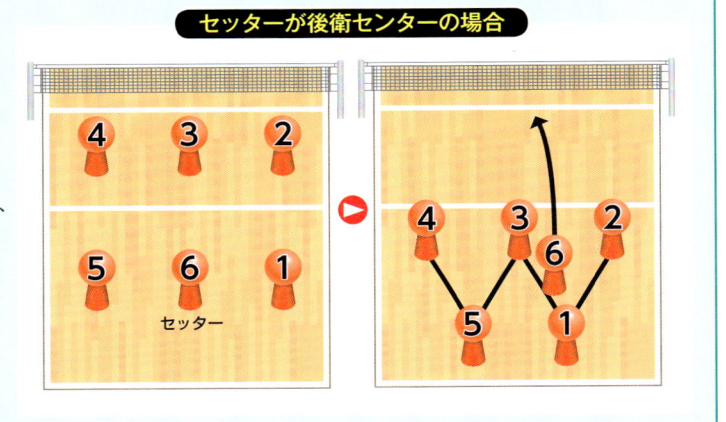

セッターが後衛レフトにいるローテーションでは、すぐ前にいる前衛の後ろに立ち、サーブが打たれた瞬間にその選手の外側（左）から回ってアタックラインの前に入る。

セッターが後衛レフトの場合

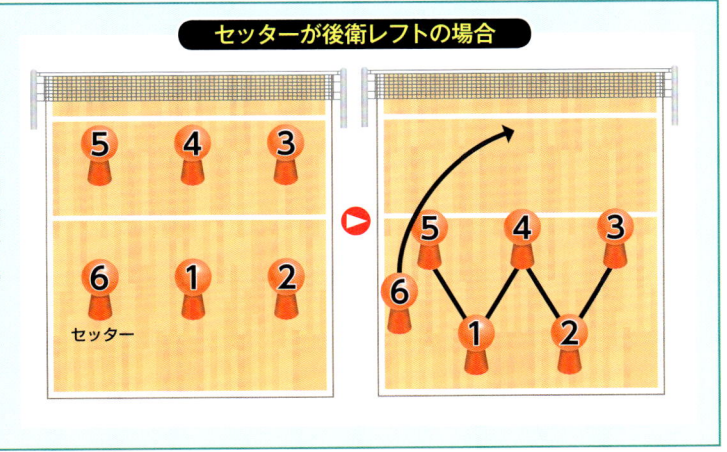

後衛3人でフォーメーションを組む

POINT
三角形の
フォーメーションを組む

前衛がブロックを担い後衛がレシーブする

　自チームがサーブ権を持っている場面では、サーブレシーブ後に相手チームがスパイクを打ち込んでくることを想定して、守備のフォーメーションを組む。

　前衛の3人はブロッカーを担うのでネット際に立って構え、後衛の3人はスパイクレシーブに備えてセンターの選手が中央の深い位置、レフトとライトの選手がそれぞ

れアタックラインのやや後方に立ち、相手から見て三角形のフォーメーションを組む。**ストレートとクロス両方をカバーし、クイックにも対応できるためバランスに優れている**。相手チームの狙いや相手スパイカーと自チームのブロッカーのマッチングによっては、逆三角形のフォーメーションに切り替えるのも有効だ。

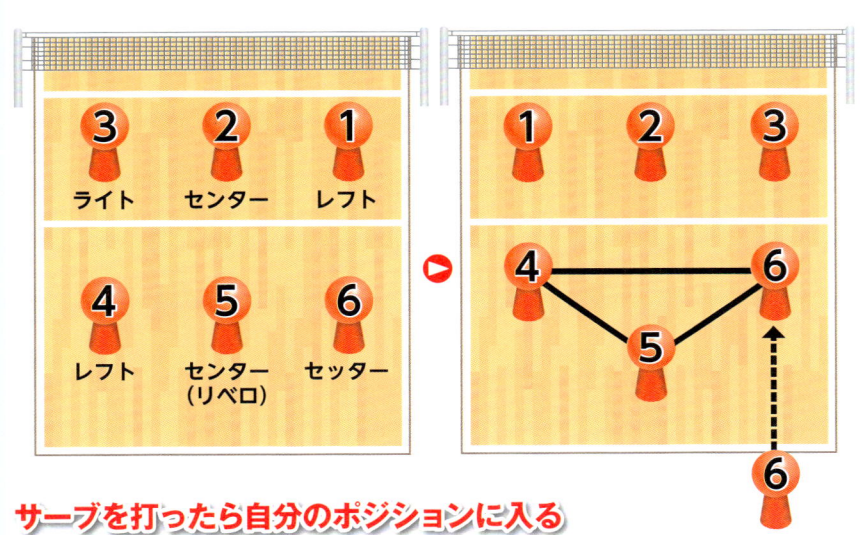

サーブを打ったら自分のポジションに入る

サーバーとなる後衛ライトにローテーションで回ってきた選手は、サーブを打ったらすぐさまコートに入って自分のポジションにつく。そのほかの選手も、サーブが放たれた瞬間にローテーションの縛りがなくなるので、本来のポジションに移動して守備につく。

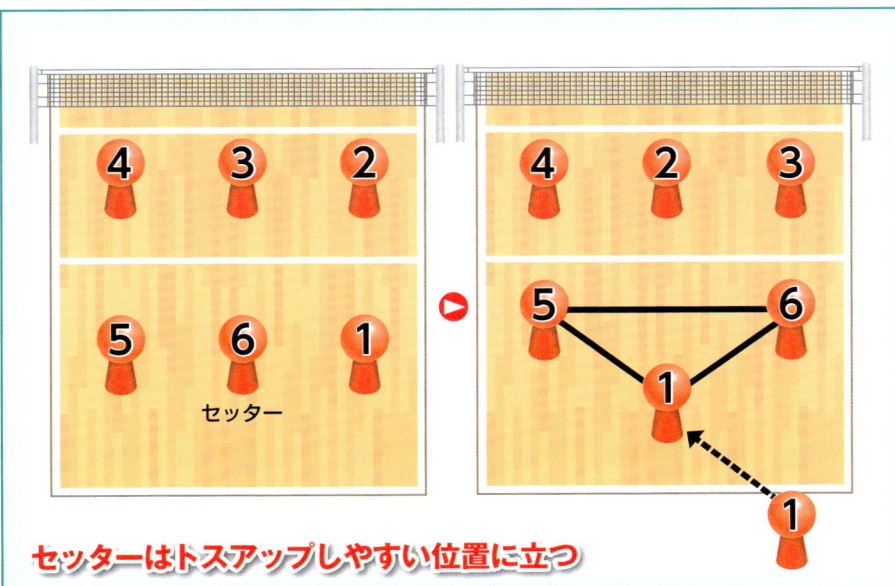

セッターはトスアップしやすい位置に立つ

セッターが後衛にいる場合は、スパイクレシーブの守備に成功した場合にトスをあげやすいように、守備範囲をライトに固定する。例えばサーバーがセンタープレーヤーの場合、サーブを打ったらそのままセンターに入る。もちろんそのほかの選手も、本来のポジションに移動する。

現代バレーボールに欠かせないアナリスト

　近年、スポーツアナリストの存在が注目を集めている。なかでもバレーボールは、セット間やタイムアウトなどインターバルが多く、監督・コーチが選手に指示を出せるチャンスが多いスポーツなので、試合を分析するアナリストの重要度が高い。勝利するためには、展開に合わせて戦術を変更したり、微調整する柔軟性が大切になるのだ。

　バレーボールのアナリストは具体的に、試合中にリアルタイムでその経過、プレーの結果などを記録し、それらの数値化した上で、データをもとに戦術を練る役割を担う。相手チームだけではなく自チームのデータも採取し、より勝利に近づく方向へと導くプロフェッショナルだ。パソコンやタブレットといったIT機器の導入により、その精度とスピードは信頼性を増しており、現代のバレーボールにおいて欠かせないポジションのひとつと言える。

　とはいえ、優秀なアナリストがいたとしてもその戦術を選手が実行できなければ意味がない。アナリストの力を最大限、活用できるだけの選手個々の技術と、チーム力が必要だ。

試合の様子をビデオで撮影するのも、アナリストの仕事のひとつ。記録動画はチームの反省として便利で、また相手チームを分析する際にも有効。

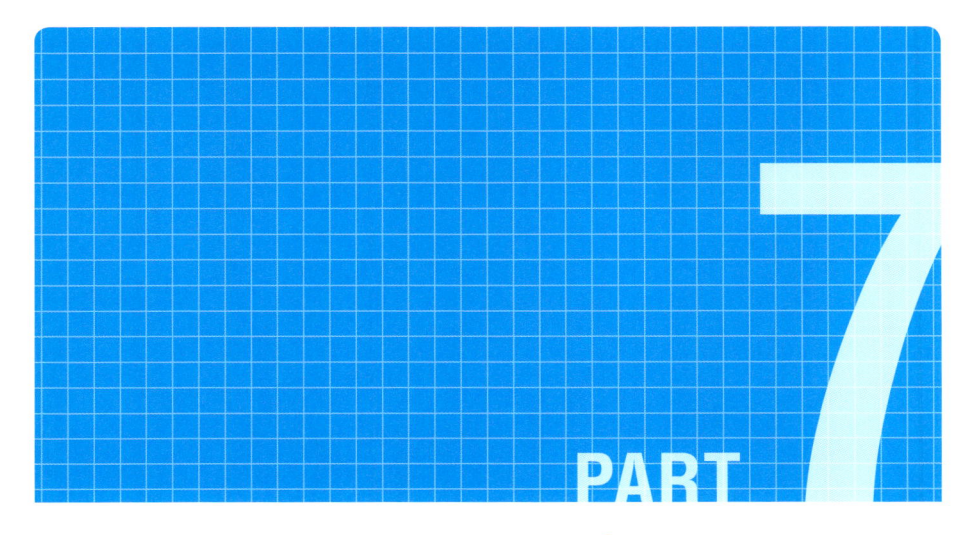

PART 7

試合の流れがわかる
ルール解説

RULE

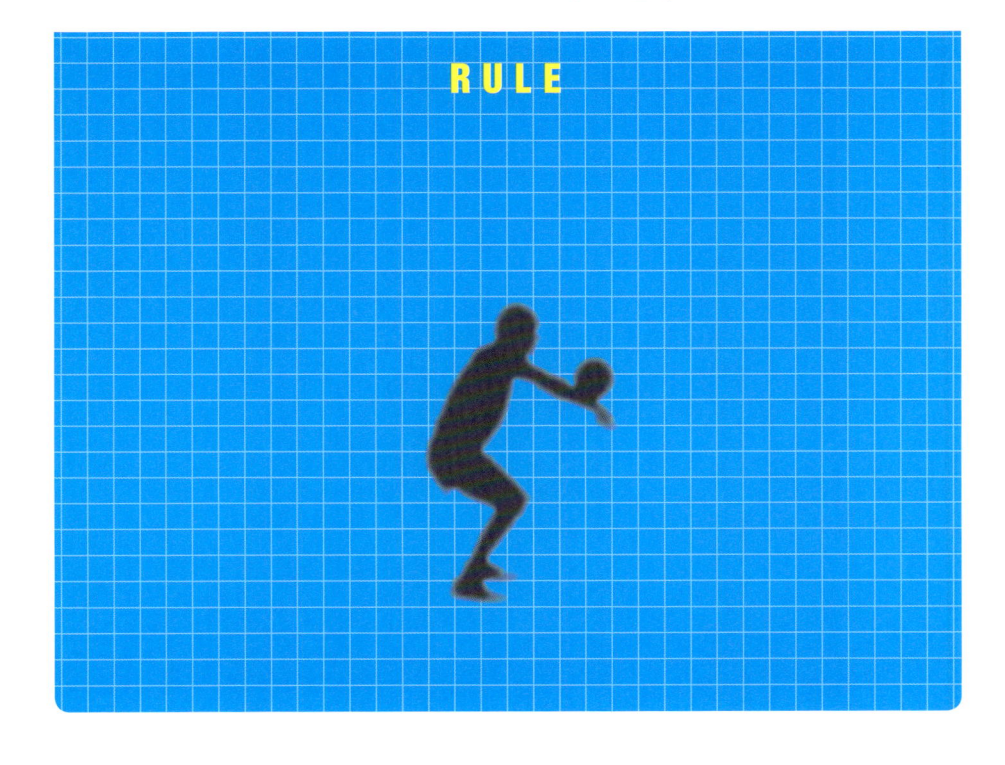

水平かつ明るい色のコートで試合を行う

ネット

アンテナ

支柱

18m×9mのコートに3m幅のフリーゾーンを設ける

コートは18m×9mで、ボールを空中でつなぐ競技の性質上、最低でも7mの高さが必要とされる。加えて、コートの周囲に3m幅のフリーゾーンを設けるので、フリーゾーンまで含めた広さが必要。なお、コートは表面に凹凸がなく、明るい色でなければならない。

コート上には、中央で分断するセンターラインがあり、センターラインの中心から3mの位置でフロントゾーンを示すアタックラインがある。さらに6mおいてバックゾーンを示すエンドラインが引かれ、サーブはエンドライン後方のサービスゾーンから打たれる。なお、コート横を走るラインはそれぞれサイドラインという。

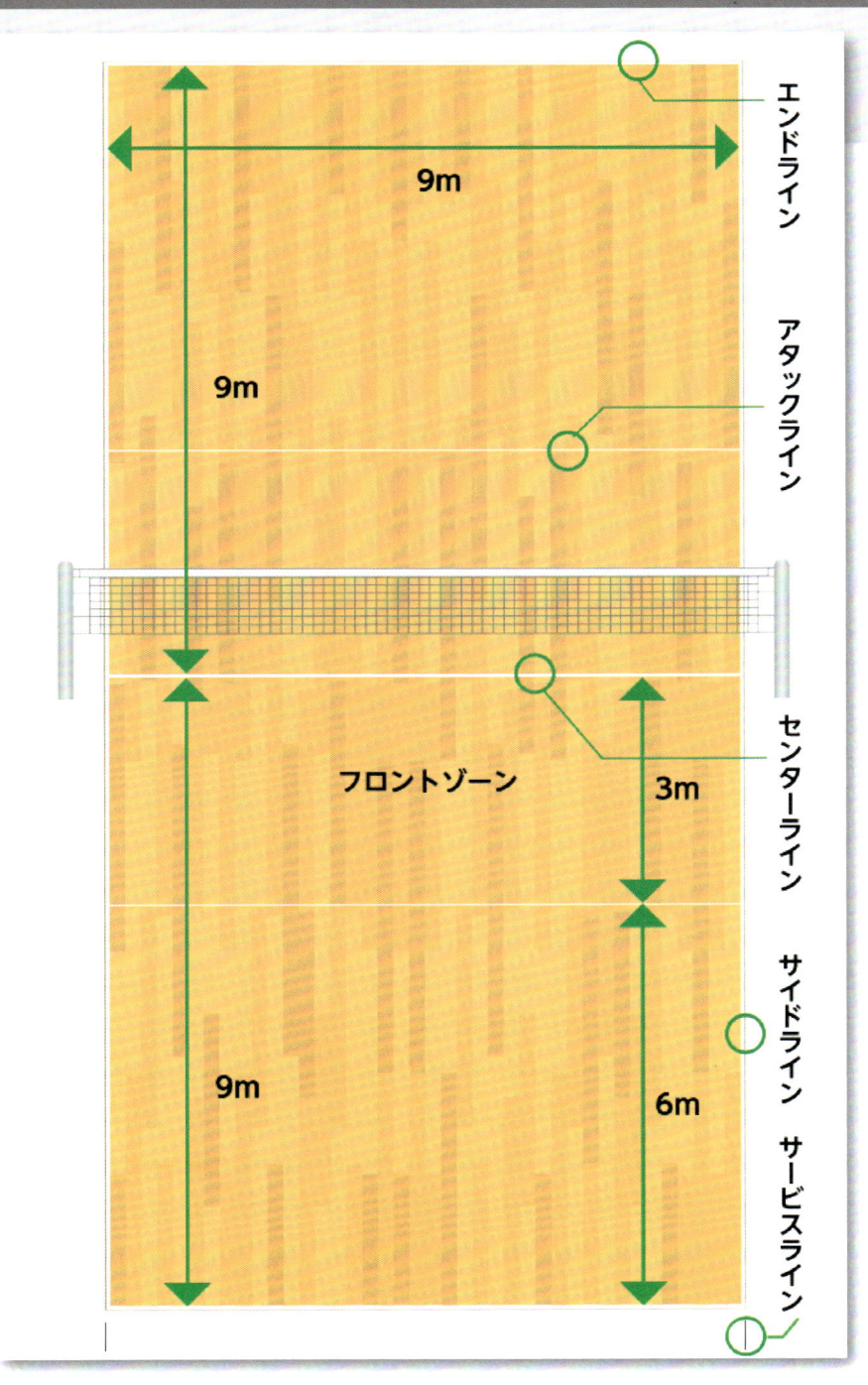

9m

9m

エンドライン

アタックライン

センターライン

サイドライン

サービスライン

フロントゾーン

3m

9m

6m

ネットの高さは選手の年代に合わせる

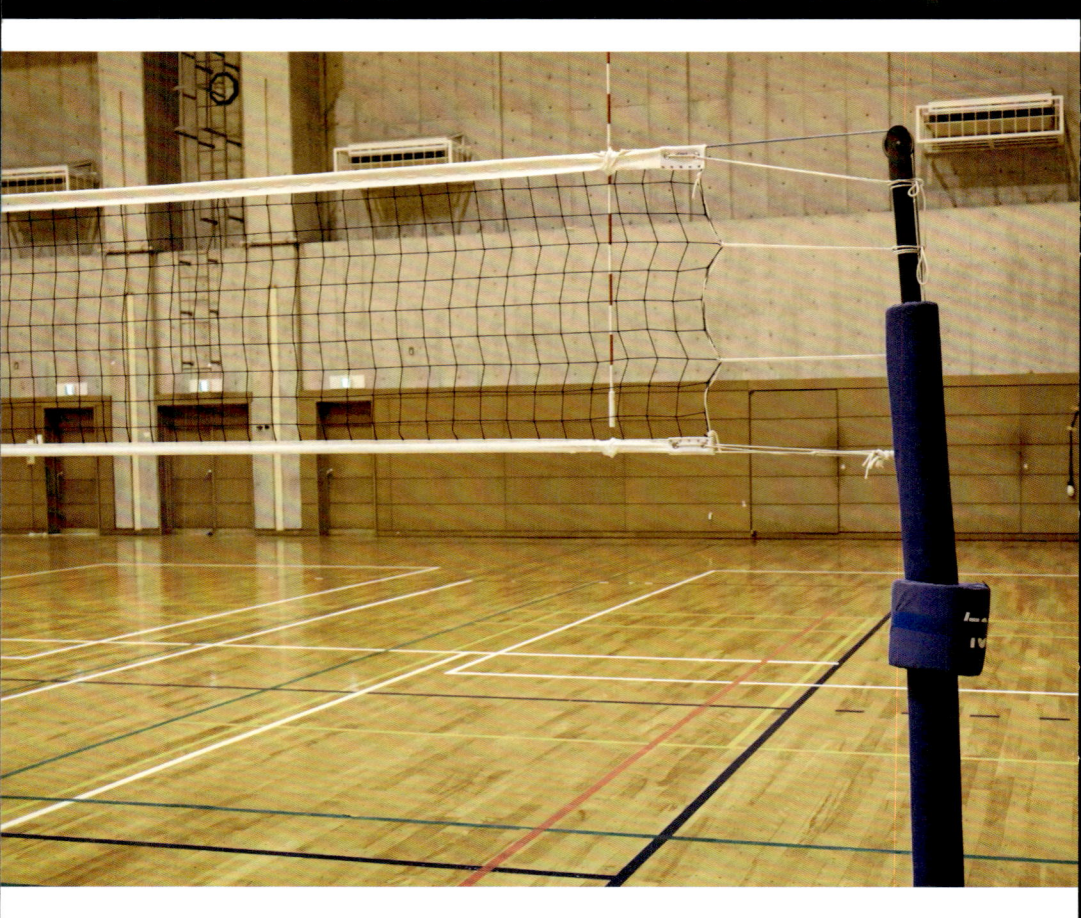

性別・年代により高さが異なる

タテ幅1m、長さ9.5〜10mのネットを、センターラインの上に垂直に設置する。ネットには上下に白帯（水平帯）がついており、両サイドラインの外側の真上にアンテナをつける。

高さは男子2.43m、女子2.24mだが、日本においては年代によって変更する。

年代別のネットの高さ

男子	一般	2m43cm
	高校生	2m43cm※
	中学生	2m30cm
	小学生	2m

女子	一般	2m24cm
	高校生	2m20cm※
	中学生	2m15cm
	小学生	2m

※大会によって異なる場合がある。

1試合では同じ規格のボールを使う

試合で使うボールの規格を知る

ボールは円周65〜67cm、重量260〜280gのものを使用する。色は明るい単色、または複数色が含まれている必要がある。上記の規定内であれば多少の差があっても認められるが、試合においては使用するボールを全て同じ規格で揃える。

また、FIVBとJVAが主催する大会では、それぞれの団体が公認したボールを使用する。FIVBの世界大会では、1試合5つのボールが用意されるファイブボールシステムで試合が行われる。

ボールの規格

色	均一の明るい単色、あるいは、複数の色で組み合わされたもの。
円周	65〜67cm。
重さ	260〜280g。

147

5セットマッチは3セット先取する

バレーボールの試合はラリーポイント制で行われる

1999年のルール改正から、バレーボールではラリーポイント制が導入されている。これは、得点したチームがサーブ権を得るルールのことをいい、サーブ側のチームが得点した場合はサーブ権を継続し、逆にレシーブ側のチームが得点した場合はサーブ権が移行する。

試合はこのラリーポイント制で点を奪い合い、5セットマッチの3セット先取が基本となる。 セットは、先に25点を得たチームが取る。互いに24点で並んだ場合にはデュースとなり、先に2点リードしたチームがセットを得るルールで試合を進める。なお、第4セットまでに両者が2セットずつとって第5セットにもつれ込んだ場合、そのセットは15点先取で行われる。

サーブ権がなくても得点できるルール

1999年に国際ルールとしてラリーポイント制が採用になる前は、サーブ権を持つチームがラリーに勝った場合のみ得点が入るサイドアウト制だった。しかし、サーブレシーブからの攻撃や、相手チームのミスからも得点できるようになった。

ラリーポイント制でポイント獲得になる場面

ラリーポイント制では、サーブ権がなくても得点が入る。サーブを出した側のチームがラリーに勝った場合はもちろん、レシーブ側のチームがラリーに勝った場合や、相手チームの選手の反則、相手がペナルティーを受けた場合にも1点になる。

4回以上かけての返球は反則となる

自コートで4回以上（ブロックによる接触を除く）ボールに触れると、フォアヒットの反則となるので、必ず3回以内でチーム内で返球しなければならない。返球の際は、手や腕に限らず、体のどの部分に当たっても構わないので、3回以内で返す。

ボールタッチに関するそのほかの反則行為

フォアヒットの反則のほか、1人の選手が2回連続してボールを打つと、ダブルコンタクトの反則となる。また、仲間の補助を借りてのプレーや、ボールをつかんだり投げたりする行為もホールディング（キャッチ）の反則とみなされる。

ボールを持つと反則

時計回りにローテションする

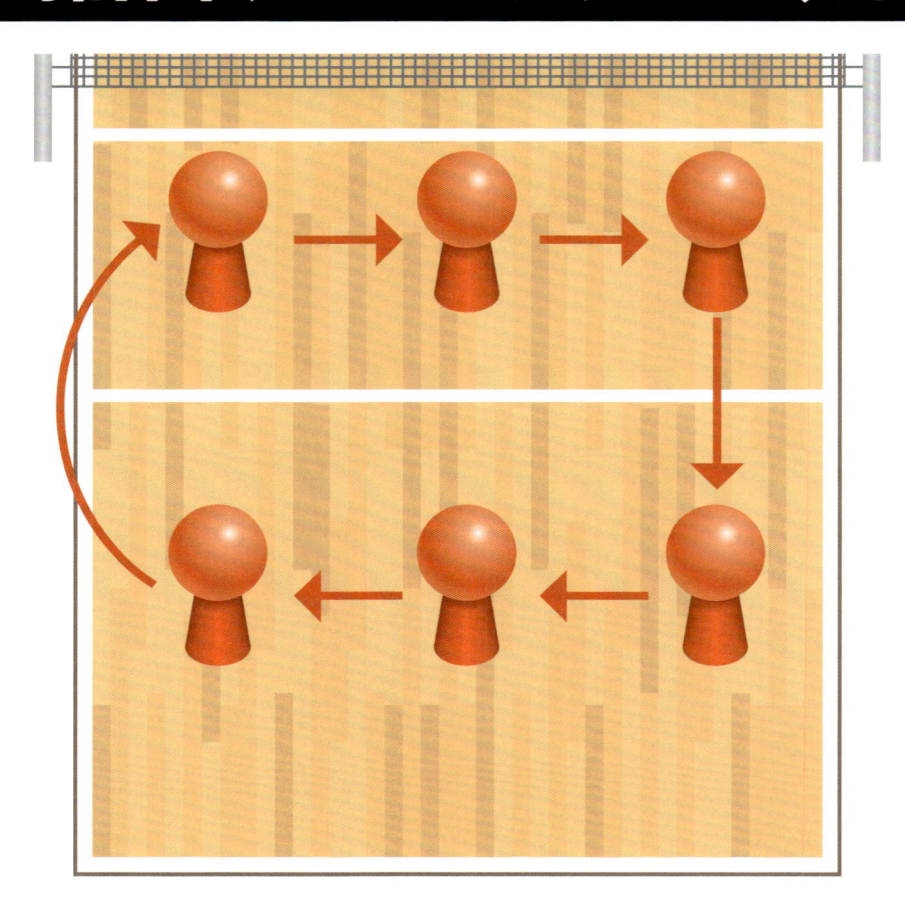

規定通りの場所に立っていなければならない

ローテーションとは、サーブ権を得たとき、ラインアップシート通りに選手が時計回りに1つポジションを移動するルールのこと。**ローテーションしてポジションが移動し、バックライトのポジションの選手が、サーバーとなる。**

ポジションは、フロント（前衛）とバック（後衛）に分かれており、フロントには

フロントレフト（FL）、フロントセンター（FC）、フロントライト（FR）、バックにはバックレフト（BL）、バックセンター（BC）、バックライト（BR）と呼ぶ。ローテーションを誤ると、反則となり失点してしまうので注意。慣れないうちは、サーブごとにポジションを確認しよう。

バックライトの位置に移動した選手がサーバー

　サーブはフロントライトから、バックライトの位置に移動してきた選手が、サーバーとなり、サーブを打つ役割を担う。サーバーは、サービスゾーンから足が出ると反則となるため、エンドラインを踏まないように気をつけてサーブを打とう。

フロントで構えて防御するブロッカー

　フロントの3人は、ブロッカーとしての役割を担う。相手チームの攻撃に対して、ブロックでスパイクを阻止することが最大の仕事だ。自チームがサーブを打つ場面では、ネット際に並んで立ち、ブロックの構えをとろう。

左右に位置する攻撃の要・サイドアタッカー

　サイドアタッカーはウィングスパイカーともいわれ、ライト・レフト側からスパイクを打つ役割を担う。特にレフトは、チームのエースポジションになる場合が多い。反対にライトは、セッターを配置するのがセオリー。

バックの選手のみ交代できるリベロ

　リベロはバックの選手とのみ交代可能なポジション。そのため、対応するフロントプレーヤーより、後ろに位置しなければ反則となる。ローテーションで、アタッカーがバックにいる間に休ませたり、レシーブが苦手なプレーヤーの代わりを担う役割がある。

サーブ権を得たチームがサーブを打てる

サーブ権の決め方とその後の流れ

　サーブ権は第1セットの前に、両チームキャプテン立ち会いのもと、主審によるトスで決める。**トスに勝ったチームは「サービスを打つか、サービスをレシーブする権利」、または「どちらのコートに入るか」を選択する。**

　他のセットでは、直前のセットで最初のサービスを打たなかったチームのサービスにより開始される。しかし最終セットでは、改めてトスを行う。

　サーバーはラリーポイント制に則って、ローテーションでバックライトの選手が行う。連続で得点したときは、同じサーバーが打つ。

サーブを打つときの
ラインオーバーは反則

　サーブを打つときは、サービスゾーン内に足が入っていることを確認しよう。エンドラインを越す・踏む、サービスゾーンよりも外に足が出ている場合は反則となるため、打つ際は足の位置に十分注意する。

サービスラインは越えない

サービスライン

トスは1回しか
できない

　ボールをトスしたら、一方の手腕でサーブを打つ。6人制はサーブが1本制であるため、1度トスしたら必ず打たなければならない。しかし、ドリブルしたり手の中で転がす行為は、時間内であれば何度でも行える。

トスは1回しか許されない

サーブはネットの
垂直線上を通過させる

　ボールがネットに当たり、相手コートに入らなかったり、ボールがネットの下を通過した場合は、サーブの失敗とみなされる。また、ボールが両アンテナ間のネット上を通らなかったり、アンテナに触れた場合も同様。

ホイッスル後8秒以内に
サーブを打つ

　サーブは、審判がサービスを許可するホイッスル後、8秒以内に打たなければならない。8秒をオーバーするとディレイインサービスの反則となり、相手チームにポイントが入る。サーブ権も相手チームへと移るので、速やかに打とう。

相手からのボールは3回以内に返す

POINT
相手サーブのレシーブは
1回目のタッチ

相手コートに最大3回で返球する

相手コートにボールを返球する際、同じチーム内では最大3回のヒットが可能。しかし、**1人の選手が連続してボールをヒットしてはならないため、1人、もしくは2～3人で相手コートに返すことになる。**

2人同時に触れた場合は2回、3人同時に触れた場合は3回とカウントされる。なお、両チーム2人の選手がネットの上で同時にボー

ルに触った場合は、レシーブ側のヒットとカウントされず、3回ヒットすることが可能。

また、1回目のボールタッチが許容空間外側（両アンテナの外側）を通過し、相手コート側のフリーゾーンに落ちそうになっても、追いついて2回目のタッチで許容空間外側を通して3回目のヒットで返球することができる。

ボールの動きを止める ホールディングの反則

　ボールを手でつかんでしまったり、レシーブ時に腕の間にボールが挟まるなどして、ボールの動きをとめてしまうと、ホールディングの反則をとられる。二段トスの場面ではホールディングをしやすいので、注意が必要だ。

二段トスは
ホールディングに
注意

腕や手以外の部分でも 当たってもよい

　レシーブでは、ボールは足やヒザなど体のどの部分に当たってもよい。また、同時であれば体の数カ所に当たっても構わない。ただし、体勢を崩してケガをしないよう、十分注意してレシーブすることが大切。

故意に足を
出すのは危険

1人の選手が連続で 触れてはいけない

　ファーストレシーブ以外は、同一の選手が連続して2回以上ボールに触れると、ダブルコンタクトの反則となる。パスの打ちどころが悪く、手で弾いたボールを正面にコントロールできず、顔や肩に当たるなどして、起きる場合が多い。

打球に関する 細かなルール

　同チーム内で4回以上レシーブをすると、フォアヒットの反則、1人の選手が2回連続してボールを打つと、ダブルコンタクトの反則となる。そのほか、チームメイトの補助を借りたり、競技場内の構造物に頼るようなプレーも禁じられている。

アタックヒットのルールに従いスパイクを打ち込む

POINT
サーブとブロック以外で
相手コートに
返球するプレーを
アタックヒットという

前衛と後衛でアタックヒットのルールが異なる

　サーブとブロック以外で相手コートにボールを送るプレーを、アタックヒットといい、フロントとバックでルールが異なる。**フロントの選手は、自コートのエリア内であればどのようにアタックヒットをしても構わないが、バックの選手はフロントゾーンからのアタックヒットに制限がある。**相手コートにボールを送るとき、ネットより

高い位置でボールをヒットすると反則になる。ここでの「ネットより高い位置」とは、ボールが完全にネットを超えている状態のことなので、一部でもネットの高さにかかっていれば反則はとられない。

　なおリベロは、コートのどこであれネットより高い位置でのアタックヒットは反則。つまりバックアタックが反則となる。

オーバネットなどの反則に注意する

　相手チームからネットを超えてこないボールを相手空間で触れると、オーバーネットの反則となる。また、相手チームのサーブをネットより高い位置でアタックヒットすることやブロックすることは、反則となる。

状況によっては相手コートへの着地可

　スパイクを打った後、体勢を崩して相手コートに入ってしまうと、ペネトレーションフォールトの反則となる。センターラインを超えて相手コートに入ることは禁じられているので注意しよう。しかし、相手コート内にボールが落ちた後なら反則をとられない。

フロントゾーンで打てるのは前衛だけ

　アタックラインより前（ネット側）のフロントゾーンでは、ネットより高い位置からのアタックヒットは、前衛の選手しか行えない。ネットより高い位置とは、ボール全体がネットの上端を完全に超えている状態のこと。

アタックラインの後ろなら後衛の選手も打てる

　アタックラインの後方であれば、後衛の選手もネットより高い位置からアタックヒットを打つことができる。しかし、ラインを踏んでしまうと反則となる。なお、フロントゾーンで指を使ったトスを禁じられているリベロも、バックゾーンであればあげられる。

アタックライン

相手のプレーを妨害せずに攻撃を防ぐ

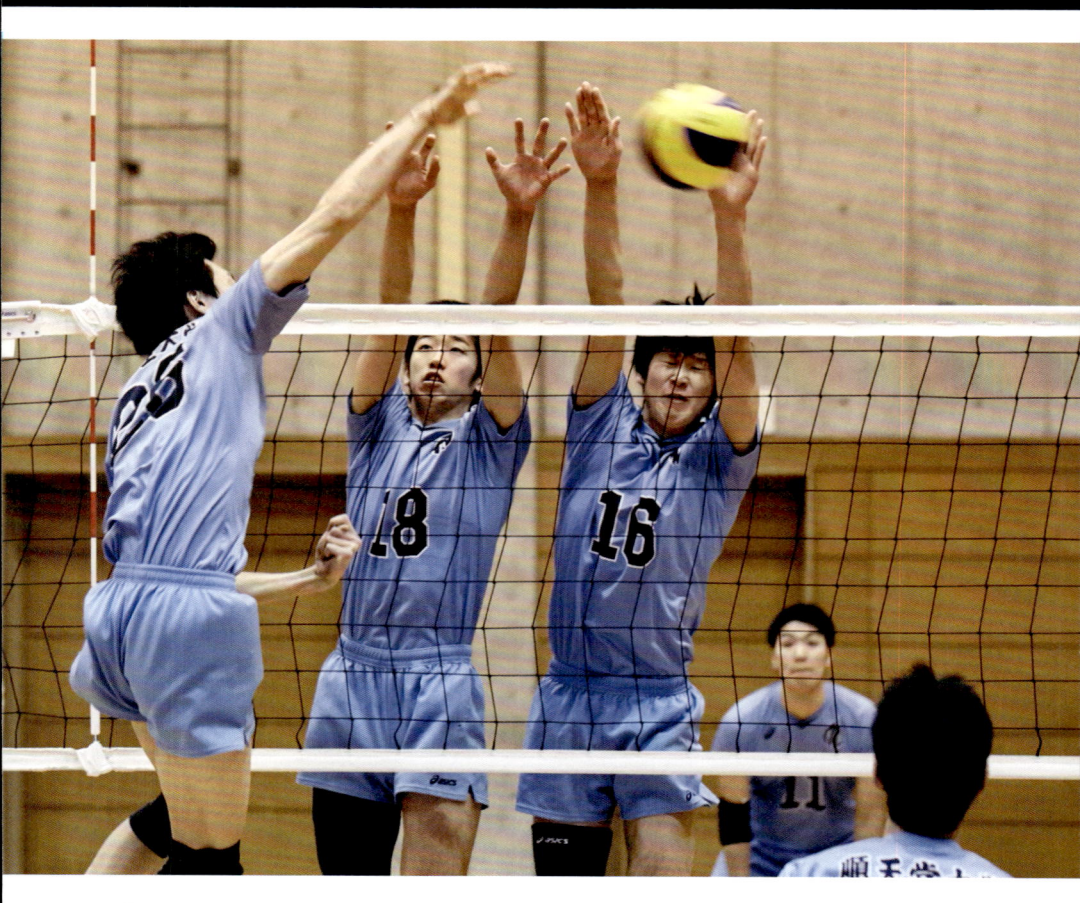

ブロックは前衛のみが行えるプレー

ローテーションでフロントに入っている3人の選手が、相手からの返球をネットから腕を伸ばして阻止するプレーがブロックだ。このとき、触れることができるのはアタックヒットのみで、トスに触れてしまうと反則になるので注意。また、アタックヒットではあるものの、サーブをブロックすることも禁止されている。

なお、ブロックはチームのヒットにカウントされないため、ブロックしたボールを拾った場合、返球するまで3回ヒットすることができる。また、ブロックした選手がそのボールにもう一度触れることも許されている。しかし、カウントはされないもののタッチとはみなされるので、ブロックしたボールがコートの外に落ちたら失点する。

相手コートに手が入ってもOK

　腕をネットの上に伸ばす際、手が相手コート側にやや入っても反則にならない。しかし、相手コート側に手を伸ばせるからといって、トスなどのアタックヒット以外のボールに触れてしまうと、妨害行為となり反則をとられる。

ボールがネットに触れたらタッチネットにならない

　ネットに触れることは、タッチネットという反則行為だ。ブロッカーは注意しなければならない。しかし相手のアタックヒットしたボールがネットに当たって揺れて、ブロッカーの体に触れた場合はタッチネットにはならない。

後衛の選手とリベロはブロックできない

　ブロックプレーが許されているのは、ローテーションでフロントに入っている前衛3選手のみ。後衛の選手がブロックに加わると反則をとられる。後衛でしかプレーしないリベロも、当然ながらブロックできない。

サーブのブロックは禁止されている

　ブロックはアタックヒットを阻止するプレーだが、サーブにおいては禁止されている。ブロックしてしまうと、反則をとられる。また、アンテナの外側でブロックをした場合も反則となる。

30秒間タイムでチームの戦術を見直す

両手でTの字を作り、審判に要求する

1セットにつき2回まで取得可能

　試合では、各チーム1セットにつき30秒のタイムアウトを、2回までとることができる。休憩や戦術確認に用いられ、アウトオブプレー時に取得する。これはラリーが終わり、主審の次のサービスのホイッスルまでの時間をいい、その前に監督（不在時はゲームキャプテン）が両手でTの字をつくるハンドシグナルを示し、要求すればタ

イムアウトを取得できる。

　タイムアウト時、選手はコートから出て自陣のフリーゾーンに集まりそれぞれの方法で30秒を活用する。 ちなみに、タイムアウトは一度で2回分使うことも可能。

選手を交代して試合の流れを変える

1セットにつき6回の選手交代が可能

メンバーチェンジは、1セットにつき6回行うことができる。交代する際には、ネット付近にある選手交代ゾーンに交代選手が入ることで要求となる。**そして、出る選手と正対して互いの手を当てて行う。**なお、出る選手がスターティングのメンバーなら、再度コートに戻ることができる。しかしコートに入れるのは元のポジション限定で、

1セットにつき一度しか行えない。

負傷者が出た場合は、交代回数を使い果たしていたとしても交代が可能。また、選手退場（失格）で主審から強制的に交代を求められる場合もある。

審判のシグナルを覚えよう！

サーブの許可

まず手のひらを正面に向け、サーブを打つチームを示す。サーバーは主審からのサーブの許可のホイッスル後、打つことができる。

プレーの許可や反則を審判がジャッジする

ハンドシグナルとは、プレー中に起きた反則及び失敗を、主審・副審、線審が選手や観客に知らせるための合図のことを指す。

ハンドシグナルは、以下の流れで示される。①プレー中に反則が起きたら、すぐにホイッスルする。吹いた後も笛は口から外さない。②得点した方のチームを示す。③反則の種類をハンドシグナルで示す。必要に応じて、手のひらを上に向けて該当選手を示すこともある。④再び笛を吹き、サーブ開始の合図を出す。

試合に出場する選手は主だったハンドシグナルを把握しておこう。

タイムアウト

両手でTの字を作ってから、タイムアウトを要求してきたチームを示す。

チェンジコート

左腕を正面から腰の後ろに、右腕は腰の後ろから前に入れ替える。最終セットを除く各セット終了後、コートは交替するのでその都度示す。

ボールアウト

ボールが区画線より外に出たとき。両腕を肩の位置辺りで曲げて、手のひらを自分に向ける。

ボールイン

ボールが区画線を含むコート内に入ったとき。片腕を斜め下に向けて伸ばし、手のひらは正面に向ける。

ダブルコンタクト

同じ選手が連続してボールを触ってしまう反則。片手を上げて、指を二本立てる。

タッチネット

ボールをプレーする動作中に、両アンテナ間のネットやアンテナに触れてしまう反則。片手で反則したチーム側のネットに触れる。

ボールコンタクト（ワンタッチ）

ブロックやレシーブなどによってボールに触れ、コート外に出してしまうこと。両手の指を揃え、こするように上方の手を前後に動かす。

LEVEL UP!

ハンドシグナルは
ルールブックで確認

写真で紹介した以外にも気をつけなければならないルールはほかにある。おもなルールとハンドシグナルは本章で解説しているが、バレーボールの理解を深めるためにもルールブックを読んでみよう。特にハンドシグナルは、試合において大事なルールと関係するので、しっかり理解しておこう。

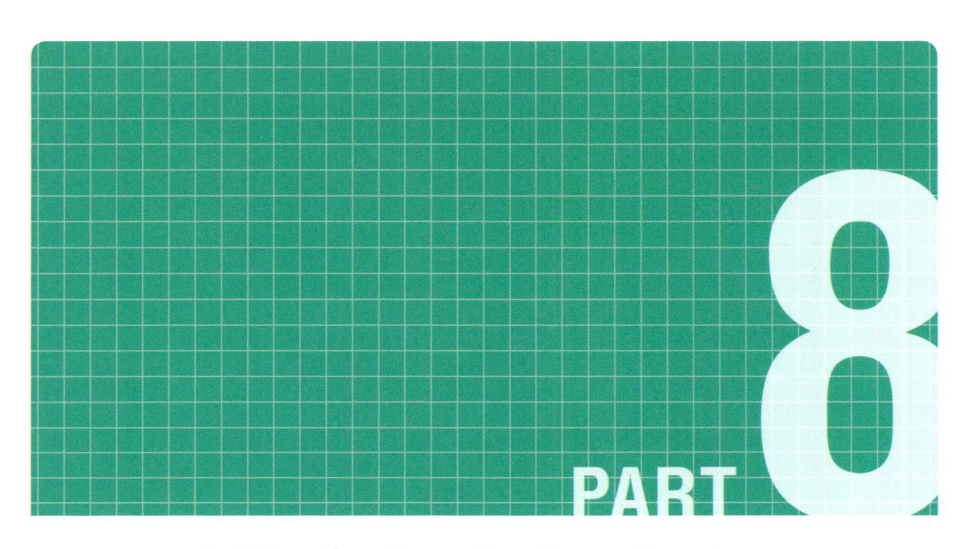

PART 8

強くなるための
チームマネージメント

TEAM MANAGEMENT

筋力トレーニング＆ストレッチ
数値目標を決めてトレーニングする

体力アップとケアの重要性を知る

　パワフルなスパイクや、ギリギリでボールを拾いあげるレシーブを試合で繰り出すためには、強い筋力が要求される。筋力トレーニングの際に意識するべきは、**胴体部の筋肉の総称「体幹」だ。全ての動作の基礎となる部位であるため、鍛えることでプレーのパワーと精度を高めることができる。**加えて、筋肉の連動がスムーズになるので、ジャンプ力やバランス力も向上する。

　さらに年代ごとに数値目標を決めて、トレーニングすることが大事。数字をクリアすることでバレーボールに必要な全国トッププレベルの筋力が身につく。

　また、プレーの前後にはストレッチに取り組もう。筋肉を伸ばすことで怪我の予防になり、疲労除去の助けにもなる。

POINT❶
ウォームアップで
体を温める

練習前に行うウォーミングアップの目的は、体を温めて激しい運動を行う準備をすること。その際も最も効果的なのが、ダッシュだ。息があがって汗をかくまで走れば、ジャンプやフライングといった激しい動作に体が対応できるようになる。

POINT❷
ボールを使って
感覚を養う

ボールパスや対人レシーブなど、ボールを用いたウォームアップにも取り組もう。これにより、ボールを弾いてコントロールする感覚を養うことができる。いきなりスパイクやサーブを正確に打つことは難しいので、まず軽いパス交換からスタートしよう。

POINT❸
2人1組で
筋力トレーニング

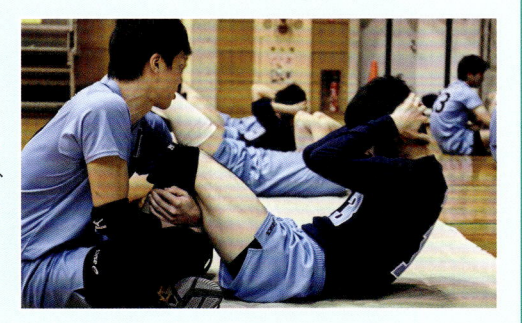

体への負荷が強いウェイトトレーニングは、ケガのリスクがあるので、自分の体重を負荷に使う自重トレーニングがベター。加えて、2人1組になって取り組めば、1人で行うより負荷があがる上、フォームの乱れを指摘してもらえるので効果的。

POINT❹
プレー後はストレッチで
クールダウン

練習や試合で激しくプレーしたあとは、ストレッチでクールダウンする。疲労物質の除去が早まり、疲れを残さず翌日の練習に取り組める。また、ゆっくりと筋肉を伸ばす時間を設けることで、その日のプレーを冷静に反省、分析することができる。

連続上体を起こし

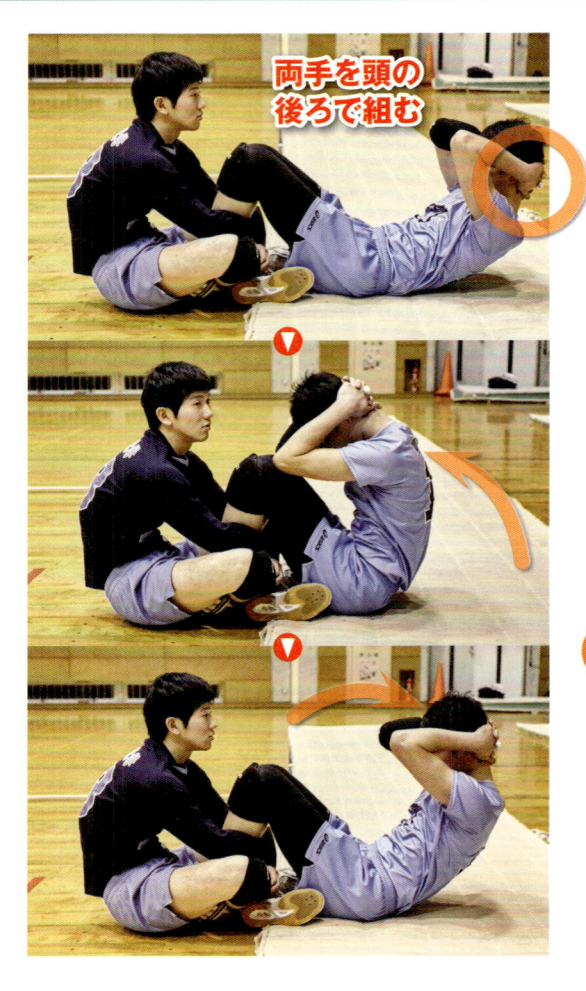

両手を頭の後ろで組む

体を起こして腹筋運動

　仰向けに横になり、肩を浮かせた状態で、両手を頭の後ろで組む。足は揃えてヒザを立て、ヒザ下の足をパートナーに両手で抱えるようにして固定してもらう。

　「スタート」の合図でヒジとヒザをつくところまで上半身を持ちあげる。このとき、両ヒジがヒザにつくことがポイント。この動作を、制限時間内に連続して行う。

DATA ·······**数値目標**·······

大学生以上
···**20秒・40回**
高校生以上
···**20秒・30回**
中学生以上
···**20秒・25回**

LEVEL UP！

ねじりの動作で腹の側部も鍛える

上体を起こす際に、右ヒジを左モモにつけ、反対も同じように行うと、体をねじるトレーニングとなる。これにより腹筋の側部にある筋肉を鍛えることができ、腹部の筋力を全体的に高められる。連続上体起こしを行っても余裕がある場合に取り組もう。

両腕跳び前進

腕の力で体を浮かせて移動する

　両腕を肩幅の倍程度の幅でつき、両足を揃えて腕立て伏せの姿勢をとる。後ろからペアに両足を持ちあげてもらい、体を床に対して平行にしてスタート。その姿勢から、両ヒジを曲げて体を沈み込ませて、タイミングを合わせて同時に伸ばし、体を浮かせる。これを繰り返し、サイドラインから逆のサイドライン（9m）まで移動する。このトレーニングによって主に背筋を鍛えられる。

腰が落ちないように注意

DATA ······ **数値目標** ······

大学生以上（ジャンプあり）
···**10回×3セット**

高校生以上（ジャンプあり）
···**10回×3セット**

中学生以上（ジャンプなし）
···**10回×3セット**

CHECK!

前方向に力をかけて前進する

真上に跳ぶとその場から移動できないので、両ヒジを伸ばす際に、前に力をかけて前進する。しかし正面に力をかけてしまうとジャンプできないので、斜め前に跳ぶイメージを持つ。背筋はスパイクを打つ動作で重要な役割を担う筋肉なので、意識的にトレーニングしよう。

斜め前にジャンプする

**片足で線をまたいだら
すばやく戻る**

往復

ステップで鋭く方向転換する

　コートの一方のサイドライン上に立ち、逆側のサイドラインへとダッシュする。手前まできたところで、左足をエンドライン側に向けて踏み込んで体を横向きにする。次に右足でサイドラインをまたいで切り返し、元のサイドへとダッシュで戻り、何度も往復する。トップスピードで走ることが重要で、取り組むことで下半身が強化されてステップワークが向上する。

DATA ┈┈┈ **数値目標** ┈┈┈

大学生以上
…**5往復半**

高校生以上
…**5往復**

中学生以上
…**4往復半**

LEVEL UP!

サイドラインを
左右交互にまたぐ

最初に右足でサイドラインをまたいだら、元の位置のサイドラインも同様に右足でまたぐ。次の往復では、左足でまたぐステップに切り替え、1往復毎に左右交互にステップする足を切り替える。これをスムーズに行えるようになると、縦横無尽のステップが身につく。

**またぐ足は
交互に変える**

3回跳び

3段跳び

両手を振りあげ
勢いをつける

両足で
踏み切る

体を連動させて高く跳ぶ

　一方のサイドライン上に足を揃えて立ち、両ヒザを曲げて体を深く沈み込ませ、両腕をヒジを伸ばして後ろに大きく振りかぶる。その姿勢から、両ヒザを伸ばす動作と両腕を前に振る動作をタイミング良く行い、前に高くジャンプして進む。この動作を3回繰り返し、逆側のサイドラインに到達する。主にモモの筋力が強化でき、全身を連動させて高く跳ぶ動作も身につく。

DATA ······ 数値目標 ······

大学生以上
…**10m**

高校生以上
…**9m**

中学生以上
…**8m**

CHECK!

着地と同時に
次のジャンプの準備

3回のジャンプで9mの距離を移動するためには、リズム良く動作して勢いをつけることが大切だ。ポイントは、着地と同時にヒザを深く曲げて腕を振りかぶり、すぐさま次のジャンプ体勢に入ること。ジャンプの最高点から落下し始めるタイミングでヒザを曲げ、腕を振ろう。

ストレッチ

ストレッチでは、筋肉が伸びていると感じるところで10秒程度、姿勢を保つ。
これにより、筋肉を充分に伸ばすことができる。
なお、伸ばす際には深く呼吸することが大切だ。
筋肉が伸びやすくなり、ストレッチの効果がアップする。

ストレッチ❶
両足を広げて ツマ先にタッチ

床に座り、両足を伸ばした状態で開けるところまで開く。その姿勢から、左足のツマ先に両手で触れる。充分に伸ばしたら、逆側も同様に行う。これにより、内モモの内転筋を中心に、脚裏を全体的にストレッチできる。ヒザが曲がらないように注意しよう。

内転筋

ストレッチ❷
ヒザを曲げて頭を倒す

しゃがんだ体勢から両手を後ろで組み、頭を押さえる。頭をゆっくり起しながらも両手は状態をキープし、首まわりの筋肉をストレッチする。同時にヒジを下方向にさげることで、背中まわりの筋肉もストレッチすることができる。

首・背中

ストレッチ❸
腰を落とし体をひねる

足を揃えた状態でヒザを曲げて腰を落とし、両腕をまっすぐ前に伸ばして、手の甲が内向きになるように両手を組む。その姿勢から、体をひねって腕をできる限り横に振る。伸ばしたら逆側も同様に行う。これにより、体側の筋肉をストレッチできる。

体側

ストレッチ❹
中腰になって一方の肩を入れる

両足を大きく開いて立ち、両手をそれぞれの
ヒザに置いて中腰の姿勢をとる。次に、右肩
を体の正面に入れ込むように前に倒す。ヒジ
を曲げずに行うことがポイント。伸ばしたら
逆側も同様に行う。このストレッチでは肩の
筋肉を伸ばすことができる。

肩

ストレッチ❺
体を伸ばしてゆっくりと回す

自然な足幅で立ち、両腕を真上にのばして頭
上で手のひらを上向きに両手を組む。体を反
らせて伸ばし、そのまま上半身を真横に倒し
ていき、円を描くイメージで大きくゆっくり
一周させる。このストレッチに取り組むこと
で、胴体部の筋肉を伸ばせる。

背中

ストレッチ❻
足を踏み込んで体重を乗せる

直立の姿勢から、左足を1歩前に踏み込む。
左足に体重を乗せ、両手は腰のあたりに置く。
このとき、右足のカカトを浮かせてしまうと
効果がないので注意。伸ばしたら、逆側も同
様に伸ばす。この動作を行うことで、アキレ
ス腱をストレッチできる。

足首

ストレッチ❼
足首と手首を同時に回す

直立して、右足のツマ先を床につけ、その点
を中心に足首を回す。逆側も同様に行い、足
首をストレッチする。同時に、体の前で両手
を組んで手首を回してストレッチする。強く
まわすと痛める危険があるので、ゆっくり大
きく動作することが大切。

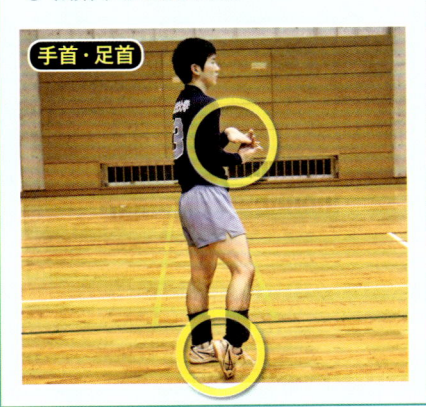

手首・足首

一年間の目標を立てて練習メニューを組む

目標達成のためのスケジュールを組む

新チームが発足したら、最初に基礎的な技術を習得して、大会の日程が近づくにつれ実践的な戦術練習を組み込んでいき、段階的にチーム力を高めていくのが基本的な流れとなる。

その上で優れた結果を残すためには、**目標を設定することが大切だ。どのレベルに挑戦するのかが決定すれば、その達成に向**けた**逆算の練習スケジュールを組むことができる。**また、到達するハードルが明確になれば、チーム全体のモチベーションも向上する。

スケジュールを組む際には、体作りの期間を設けよう。技術のみならず体力のパワーアップも組み込めば、上達が早まる。空いている時期を狙って体作りに取り組もう。

POINT① 中学バレーの年間計画例 ※東京都のスケジュールを参考に作成。日程は年度によって変更する場合がある。

4月	下旬・春季大会地区予選
5月	上旬・春季大会予選／中旬・春季大会
6月	●実戦練習
7月	上旬・夏季大会地区予選／中旬・夏季大会予選／下旬・夏季大会
8月	上旬・関東大会／下旬・全日本中学校選手権大会
9月	●新チーム発足、目標設定
10月	中旬・新人戦予選
11月	中旬・新人戦
12月	●体作り
1月	●体作り・基本練習
2月	●基本練習
3月	●実戦練習

POINT② 高校バレーの年間計画例 ※東京都のスケジュールを参考に作成。日程は年度によって変更する場合がある。

4月	下旬・関東大会地区予選
5月	中旬・関東大会予選／下旬・関東大会
6月	全国高校総体予選
7月	●実戦練習
8月	上旬・全国高校総体
9月	●実戦練習
10月	中旬・全日本高等学校選手権大会一次予選 ●新チーム発足、目標設定（予選結果によって変動）
11月	上旬・新人戦（一次大会）／全日本高校選手権大会代表決定戦
12月	●実戦練習
1月	上旬・全日本高等学校選手権大会
2月	上旬・新人戦（決勝大会）
3月	●体作り、基本練習

POINT③ 大学バレーの年間計画例 ※東京都のスケジュールを参考に作成。日程は年度によって変更する場合がある。

4月	中旬・春季リーグ戦（5月中旬まで）
5月	上旬・黒鷲旗全日本男女選抜大会（インカレ上位のみ）／下旬・春季リーグ入替戦
6月	下旬・東日本インカレ
7月	下旬・天皇杯地区予選
8月	●実戦練習
9月	中旬・秋季リーグ戦（10月中旬まで）
10月	中旬・秋季リーグ入替戦／中旬・天皇杯ブロックラウンド
11月	●実戦練習
12月	上旬・全日本インカレ／中旬・天皇杯ファイナルラウンド
1月	●新チーム発足、目標設定
2月	●体作り
3月	●基本練習

一週間の練習メニューを決める

効率的な一週間のメニューを考える

　練習のスケジュールは、週単位で決めると効果的だ。部活動では、学校のない休日に練習試合や大会が組まれることが多いので、**土日を試合をする日として固定し、それに合わせてスケジュールを組む。その際に重要になるのが、休養日を設けること。**練習ではなく読書の時間にして精神の成長を促したり、マッサージでコンディショニングすると良いだろう。

　ハードな練習を週のはじめに行うことも大切だ。金曜日など試合日の直前に体を酷使するとパフォーマンスが低下するので、影響が出ないように日数を空ける必要があるのだ。なお、軽いトレーニングとサーブ、サーブレシーブといった基本技術練習は毎日行う。

POINT① 一週間のスケジュール例

月曜日	**休養日** 読書やマッサージをして体と心を充分に休ませる。 加えて、土日に行った試合の反省・分析を行う。 ストレスが発散され、成長を促すことができる。
火曜日	**トレーニング・技術向上練習** ハードなトレーニングを行って体を強くする。 試合で見つけた弱点を克服したり、長所を伸ばす技術練習を各人の判断で行う。
水曜日	**トレーニング・チーム練習** ハードなトレーニングを行って体を強くする。 試合をの反省を活かしてチームに足りない部分や、身につけるべき戦術をマスターする練習を行う。
木曜日	**チーム練習** 水曜日のチーム練習からさらに踏み込んで、長い時間をかけてチームの強化を行う。 トレーニングは少なめに抑えて取り組む。
金曜日	**コンディション調整** 翌日の試合でパフォーマンスを発揮できるように、軽く体を動かすのみにとどめてコンディションを調整する。 トレーニングは行わない。
土曜日	**試合日**（大会・練習試合・紅白戦）
日曜日	**試合日**（大会・練習試合・紅白戦）

POINT② 大会前の一週間はコンディショニングにあてる

　重要な試合の前は、コンディショニング重視のスケジュールで一週間を過ごす。**通常の練習メニュー（トレーニング除く）を、全部で一時間程度になるように時間を短縮して行う。**体のキレが上向いている間に、ゲーム練習まで終わらせると良い。その後にマッサージをして切りあげる。余った時間は読書なども良いだろう。選手それぞれが睡眠と栄養をしっかりと摂り、ストレスのない生活を送ればコンディションのピークと試合日を重ねることができる。チームを最高の状態にするためには、スターティングメンバー全員がピークを合わせる必要がある。

自分に必要な練習法を考える

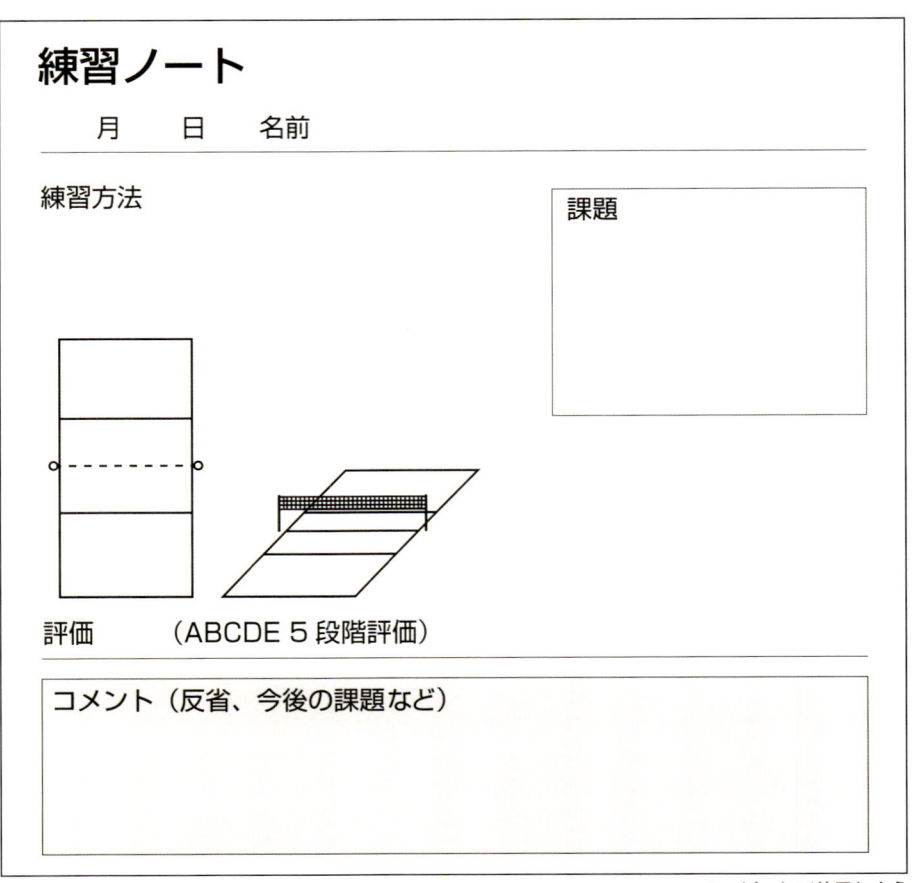

※コピーして使用しよう

POINT① 創意工夫練習ノートを書くポイント

- ・課題、練習方法（図含む）を具体的に記入する。
- ・まずはゲーム練習の中で、自分の弱点を洗い出す。
- ・どんな練習をすれば、ライバルのチームメイトや他チームに勝てるかを考える。
- ・自分がやりたい練習、やり慣れた練習を書いても成果は見込めない。
- ・バレーボールの知識を身につける（知識がないと同じ練習しか思いつかない）

練習ノートを書き考える力を養う

選手として成長するためには、技術や体力に加えて、考える力が求められる。自分に不足している部分を反省し、補うための練習法を考え見つけることができれば効率的にレベルアップできる。この自分の課題を解決するための練習を、「創意工夫練習」という。

効果的な創意工夫練習を見つけるポイントは、ノートに記録すること。**自分の持つ課題や短所、解決策などを書き込むことで、考えが整理されて練習法を思いつきやすくなる。**ノートする習慣がつけば、自分のことばかりではなくチームの問題点や相手チームに勝つ方法にも気づけるようになる。自分の考えを細かくノートに書き込み、思考力を養おう。

POINT❷　創意工夫ができると成長速度があがる

具体的に記入できる選手は、目標を見つけて達成するための筋道を考えられる思考力持っている。そういう選手は着実にレベルアップする。ノート記入も重要な練習のひとつと考えて取り組もう。

POINT❸　自分の創意工夫練習を指導者に提案する

創意工夫練習を考えたら、指導者にノートを見せて提案する。アドバイスをもらうことで、練習法をさらに効果的なものにすることができる。このとき、自分の口でも説明することが大切だ。

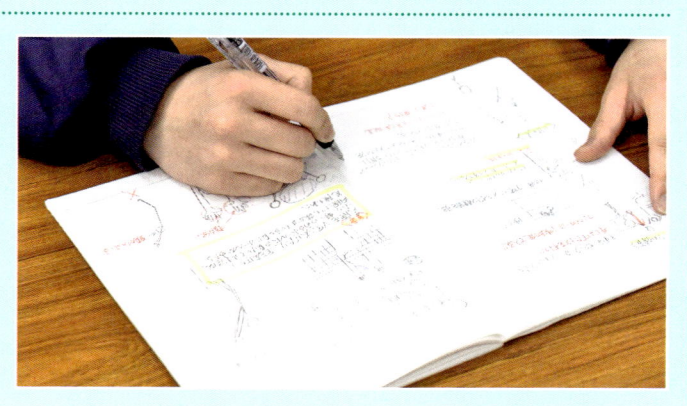

評価表で平等に選手を判断する

選手評価表

	挨拶	返事	礼儀	リーダーシップ	身なり頭髪	声ムード	チームとしての役割	素行	言葉遣い	創意工夫練習	コンディショニング作り	バレー以外の活動	読書習慣	評価
A選手	◎	◎	◎	◎	◎	○	◎	○	○	○	◎	◎	○	37
B選手	◎	◎	◎	△	◎	◎	◎	○	◎	○	◎	○	○	32
C選手	○	○	△	○	○	○	○	○	○	◎	◎	○	×	18
D選手	◎	◎	○	○	○	○	◎	○	◎	◎	◎	○	△	31
E選手	○	◎	○	○	○	○	◎	○	○	○	×	○	△	30
F選手	○	◎	◎	○	○	◎	◎	○	◎	○	×	◎	○	35
G選手	○	○	×	○	◎	○	○	○	×	△	○	×	×	18
H選手	◎	○	◎	○	○	○	◎	◎	○	○	○	○	◎	33
I選手	○	○	○	×	○	×	○	○	○	◎	○	○	○	23
J選手	○	◎	△	○	○	○	○	○	×	○	○	◎	○	30
K選手	◎	○	◎	△	○	○	◎	○	◎	◎	○	○	△	30
L選手	○	○	○	○	○	△	△	○	△	△	◎	○	×	20
M選手	◎	○	○	○	○	○	○	◎	○	◎	○	◎	○	31
N選手	○	◎	○	○	○	◎	◎	◎	◎	○	○	○	○	35
O選手	○	○	○	△	○	○	○	△	○	○	○	○	◎	26
P選手	○	○	◎	○	○	○	○	○	○	×	◎	◎	○	29
Q選手	○	◎	○	○	◎	◎	○	○	○	×	△	◎	○	30
R選手	◎	○	○	△	○	○	○	○	◎	○	○	○	○	28
S選手	○	○	△	△	△	○	○	○	○	○	○	○	×	25
T選手	○	◎	○	△	○	○	○	○	○	◎	△	○	○	28
U選手	○	○	○	△	○	○	△	○	○	○	△	△	◎	28
V選手	○	○	○	×	◎	○	○	△	○	○	○	△	○	22
W選手	○	○	○	○	○	◎	○	○	◎	○	○	△	○	28
X選手	◎	◎	○	△	○	○	◎	○	◎	○	○	○	○	28
Y選手	○	△	○	○	○	○	○	○	○	○	△	○	×	19
Z選手	○	◎	○	○	○	△	○	○	○	○	○	○	◎	26

評価表を導入してチーム運営を円滑にする

　チームがある程度のレベルにまで成熟したら、評価表を導入すると良い。評価表とは、選手たちを様々な視点から総合的かつ客観的に評価し、指導者が公平にレギュラー選手を選出するために使うものだ。評価表を見れば自分の長所と短所が明らかになるため、成長するためにも取り入れるメリットは大きい。年に2〜3回程度、実施すると良いだろう。

　評価する際には、複数の評価項目を設けてその総合点で、各ポジションごとに序列を決め、上位1〜2名をレギュラーとする。その際には、技術面ばかりでなく挨拶や礼儀といった人間性の面も評価項目に加え、チームスポーツ・団体行動への適応能力もはかる。

POINT① 評価する項目は多岐にわたる

おもな人間性評価項目

挨拶	返事	礼儀	リーダーシップ	ムード作り	言葉遣い	創意工夫練習	コンディショニング	読書習慣

サイド技術評価項目

スパイク					その他			声		
高さ	コース	勝負強さ	移動攻撃	バックアタック	サーブレシーブ	スパイクレシーブ	球際	プレー前	プレー中	プレー後

センター技術評価項目

スパイク					その他			声		
高さ	クイック	コース	安定感	パターンの多さ	勝負強さ	スパイクレシーブ	球際	プレー前	プレー中	プレー後

ライト技術評価項目

スパイク		トス			その他			声		
高さ	コース	トス精度	トススピード	ゲームメイク	打ちやすさ	スパイクレシーブ	球際	プレー前	プレー中	プレー後

リベロ技術評価項目

サーブレシーブ			レシーブ&パス				声		
フローター	ジャンプ	スパイク	レシーブ精度	パス精度	指示	安定感	二段トス	プレー前	プレー中	プレー後

サーブ&ブロック技術評価項目

サーブ				ブロック				
安定感	効果	スピード	工夫	高さ	硬さ	速さ	読み	ダイレクトスパイク

評価のつけ方　・評価表へは下記の5段階で評価される。

◎（大変良い）3点	○（良い）2点	△（まあまあ）1点	×（もう少し）0点	××（頑張りましょう）ー1点

※評価では人間性が重視される

POINT②
技術をあげるだけではレギュラーになれない

　バレーボールはチームワークが重要ないわば人間競技といえる。そのため、技術が高くても、礼儀がなかったり挨拶が充分にできないような、人間性が伴っていない選手はレギュラーにはなれない。

POINT③
評価表でチーム内の公平性を保つ

　レギュラー選抜の判断基準が曖昧だと、チーム内に不平不満が生まれる。チーム内にデータ班を設けて、「選手が選手を評価する」システムも効果的。選手全員が同じ価値観のもと行動できるようになる。

選手が選手のデータを集め、評価する

ポジションごとに評価基準が変わる

センターの評価基準サンプル

	スパイク								その他			声			評価	サーブ&ブロック	TOTAL
	高さ	叩けるか	クイックの速さ	コース	安定感	いなすプレー	勝負強さ	パターンの多さ	スパイクレシーブ	二本目のつなぎ	オールラウンド	プレー前	プレー中	プレー後			
A選手	△	○	○	△	×	×	△	○	○	△	△	×	×	△	13	12	25
B選手	○	△	△	○	○	○	○	△	○	○	○	△	△	○	20	18	38
C選手	○	△	△	○	○	○	△	×	△	△	○	×	○	○	14	18	32

サイドアタッカーの評価基準サンプル

	スパイク								その他					声			評価	サーブ&ブロック	TOTAL
	高さ	叩けるか	コース	つなぎ	勝負強さ	移動攻撃	バックアタック	積極性	サーブレシーブ	スパイクレシーブ	球際	二本目のつなぎ	オールラウンド	プレー前	プレー中	プレー後			
D選手	△	○	○	○	△	×	△	○	○	○	○	○	△	×	○	○	19	19	38
E選手	○	◎	○	○	○	○	○	○	○	○	○	◎	○	○	○	○	27	22	49
F選手	○	△	○	○	○	△	○	○	○	○	○	○	×	△	×	○	19	19	38

セッターの評価基準サンプル

	スパイク					トス						その他			声			評価	サーブ&ブロック	TOTAL
	高さ	叩けるか	コース	つなぎ	勝負強さ	トス精度	トススピード	ゲームメイク	打ちやすさ	上げ方のわかりにくさ	下に入るスピード	セットの高さ	スパイクレシーブ	オールラウンド	プレー前	プレー中	プレー後			
G選手	△	○	○	×	△	○	○	○	○	○	○	△	△	△	○	×	○	25	14	39
H選手	△	○	◎	○	○	○	○	○	○	○	○	○	○	◎	○	○	○	37	24	61
I選手	△	○	○	○	△	○	○	○	○	○	○	○	○	○	○	○	○	30	21	51

リベロの評価基準サンプル

	フローターサーブR	ジャンプサーブR	スパイクR	レシーブ	指示	パス精度	足の崩れ	安定感	球際の強さ	2段トス	声			評価
											プレー前	プレー中	プレー後	
J選手	○	○	○	○	○	○	○	○	○	○	◎	○	◎	30
K選手	×	△	×	△	△	△	○	×	○	○	△	○	○	14
L選手	△	△	○	△	○	○	○	○	△	○	◎	×	○	17

技術度が高いだけでは強いチームとはいえない

　評価表のなかで、最も細かくチェックされる項目は技術である。技術はセンター、サイドアタッカー、セッター、リベロの各ポジションごとに、評価内容も変わってくる。しかし、バレーボールはチームプレーで行うスポーツだ。**技術の高さや体格の有利さばかりを重視しても強いチームになるとは限らないので、声出しや指示の正確さも重要になる。**

　そして、評価表は公正かつ、客観的に評価しなくてはならない。順天堂大学バレーボール部では、コーチ、データ班、マネージャーが偏り無く評価をつけているが、中学・高校の部活動では、顧問の先生が中立な目で評価を行うことが望ましい。

POINT❶
センターの評価ポイント

センターは、縦3つ×横5つ、合計15箇所のスパイクポイントがあると想定する。15箇所のスパイクポイント中、どれくらい打ち分けることができるかをチェックされる。そのほか、クイックの速さ、相手をかわすプレーができるかなども注目される。

スパイクが打ち分けられるか

POINT❷
サイドアタッカーの評価ポイント

サイドアタッカーの評価は、良いトスを打てているかということではない。乱れた打ちにくいトスをどれだけ得点につなげることができているか、勝負強さはあるか、トスのミスをリカバリーしようとする姿勢が見られるかが、評価のポイントになる。

打ちにくいトスでも決められるか

POINT❸
セッターの評価ポイント

セッター（ライト）は、トスに関する評価項目が多い。質の高いトスを多くあげられるかはもちろん、トスのスピードやセットの高さ、レシーブボールの落下点に入るスピード、司令塔としてゲームメイクする力があるかどうかを問われる。

しっかりゲームメイクできているか

POINT❹
リベロの評価ポイント

守備要員であるリベロは、あらゆるボールを正確にレシーブしているかが最大の評価ポイントになる。サーブレシーブ、スパイクレシーブをしっかり受けられているかはもちろん、チームメイトに質の良いパスを回せているかなども評価のポイント。

質の良いパスを回せているか

【ア行】

アタックヒット ▶P156-157
サーブとブロックを除く、相手コートへボールを返球する動作のこと。

アンダーハンド ▶P30-31
低く飛んできたボールを腰より低い位置で受け、コントロールする技術。サーブやスパイクなど、強いボールを受けるときに使う。

アンダーハンドサーブ ▶P116-117
コートと正対し、腕を後ろから前方へ振りあげて打つサーブのこと。安全性の高い、初心者向きのサーブ。

アンテナ ▶P146
ネット横の許容空間を示す棒。ネットの一部とみなされる。

エンドライン ▶P145
コート上に引かれたセンターラインと正対する9mのライン。

オーバーネット ▶P157
相手コートにあるボールに触れる反則行為のこと。

オーバーハンドサーブ ▶P120-121
縦の円運動でボールをインパクトするサーブのこと。高い打点でボールをインパクトするため、サーブに勢いがつく。

オーバーハンドパス ▶P32-33
高く飛んできたボールを頭上で返すときや、トスを上げるときなどに使うパスのこと。額の上に両手のひらをかざし、ボールを頭上でとらえる。

オープンスパイク ▶P58-59
山なりに上がったボールを、アタッカーが打ち込むスパイクのこと。

【カ行】

回転レシーブ ▶P44-45
走り込んでレシーブした後に、体を回転して瞬時に体勢を立て直すためのプレー。柔道の受け身をもとに考えられているため、比較的安全性が高い。

コート ▶P144-145
試合を行う18m×9mのエリアのこと。およそ3m幅のフリーゾーンに囲まれる。コートの表面は凹凸がなく、明るい色でなければならない。コート上には、エンドライン、サイドライン、アタックライン、センターラインがある。

【サ行】

サイドアタッカー ▶P18-19
セッターからのトスをスパイクして、得点を取りにいく役割を担うポジション。ウイングスパイカーとも呼ばれる。

サイドハンドサーブ ▶P118-119
肩越しに相手コートを見るようにして横向きに立ち、腕を横に振りながら顔の前辺りで打つサーブのこと。初心者でもサーブにスピードを加えやすい。

サーブ ▶P152-153
1つのプレー開始時に、サーブ権を得たチームの1人が相手コートに向かってボールを打つこと。サーブは決められた順番通りに打たなければいけない。

サーブレシーブ ▶P34-35
相手のサーブを受ける（レシーブする）こと。

時間差攻撃 ▶P76-79
1人の選手をおとりに使い、相手ブロックを引きつけておいてほかの選手がスパイクを打つ攻撃法。時間差をつけることで、相手ブロックの動きを崩せる効果がある。さまざまな攻撃パターンを考えることができる。

ジャンピングドライブサーブ ▶ P126-127
ジャンプサーブの一つで、オーバーハンドで腕を振るサーブのこと。ジャンピングフローターサーブとほぼ変わらないが、手首を効かせてサーブに回転を加えて打つ。

ジャンピングフローターサーブ ▶ P124-125
フローターサーブにジャンプを加えて打つサーブのこと。ジャンプした分、フローターサーブより打点が高くなり、サーブのスピードがアップする。

スパイクレシーブ ▶ P36-39,P156-157
相手のスパイクを受ける（レシーブする）こと。

スパイク ▶ P54-55,P156-157
セッターが上げたトスを、アタッカーが打ち込むこと。試合中、最も直接的に得点につながるプレー。

セッター ▶ P16-17
主にレシーバーからのボールをスパイカーにつなぐため、トスを上げる役割を担うポジション。チームの司令塔としてプレーする。

センター ▶ P20-21
主に相手ボールをブロックし、自分のコート内に入れないよう阻止する役割を担うポジション。

センターライン ▶ P145
コート上に引かれたエンドラインと正対する9mのライン。センターライン上にネットが設置される。

【タ行】

タイムアウト ▶ P160,163
1チーム1セットにつき2回まで取ることができる時間。1回のタイムは30秒間とされており、監督（不在時はゲームキャプテン）が副審に要求する。

タッチネット ▶ P159,P164
ボールに触れるための動作中にネットを触れる反則行為のこと。

ダイレクトスパイク ▶ P90-91
相手がスパイクを打てず、返球されたチャンスボールをネット際で直接打ち込むこと。相手のレシーブが乱れてネットを越えてきたときなどに有効。

ダブルコンタクト ▶ P155,164
同じ選手が連続してボールに触れる反則のこと。

チェンジコート ▶ P163
各セット終了時などに、互いのコートを変えること。

直上スパイクキャッチ ▶ P56-57
トスを打つタイミングを覚えるための練習法。トスされたボールの落下点に入ってつかむ。

ツーアタック ▶ P136-137
主にセッターがトスをあげると見せかけて、2タッチ目で攻撃する方法。相手の意表をつく攻撃となる。

ディレイインサービス ▶ P153
審判による吹笛後、サーバーが8秒以内にサービスを打たなかった場合の反則。

トス ▶ P132-133
アタッカーがスパイクを打ち込めるよう、セッターがボールを上げること。

二段トス ▶P136-137
フロントゾーン以外のエリアや、セッター以外の選手があげるトスのこと。レシーブしたボールが乱れて、ネットから離れた場所まで飛んだときなどに有効。

ネット ▶P146
コートを区別するため、センターラインの上に垂直に設置される。縦幅1m、長さ9.5～10mで、黒の網目と上下に白い水平帯がある。日本独自のルールでは、選手の年代によってネットの高さが異なる。

バックアタック ▶P80-81
後衛の選手がアタックラインの後方で踏み切ってボールを打つ攻撃法。相手コートまでの距離が長いため、パワーのある選手に向いている。

バックトス ▶P134-135
後方にあげるトスのこと。ライトからの攻撃や、ブロードをしかける際に用いる。

パイプ攻撃 ▶P82-83
前衛がおとりになり、後衛がバックアタックを打つ攻撃法。相手ブロッカーの間に1本のパイプを通すようなイメージで打ち込む。

1人時間差攻撃 ▶P72-75
アタッカーがAクイックで打つと見せかけ、ワンテンポずらしてジャンプをする攻撃法。トリックジャンプを組み合せる方法もある。

平手レシーブ ▶P40-41
両手のひらを重ねて顔の前で組み、アンダーハンドで対応できないボールを受けるためのレシーブ。ダイレクトに返球することで、カウンター攻撃になる場合もある。

複数ブロック ▶P106-107
レベルの高いスパイカーに壁の左右を抜かれないように、複数人でブロックすること。最大3枚によるブロックが可能。

フェイント ▶P84-85
スパイクを打つと見せかけて、相手守備の空きスペースにボールを落とすプレーのこと。

フォアヒット ▶P155
3回以内に相手へボールを返せなかったときの反則。オーバータイムスともいう。

フライングレシーブ ▶P42-43
落下するボールに対して跳び込んで、体を投げ出して床すれすれでボールをあげるレシーブ。ピンチの状況でも味方選手につなぐ技術として有効。

フローターサーブ ▶P122-123
腕を前方に押し出すようインパクトするサーブのこと。コースを狙いやすいため、サーブの主流となっている。

ブロック ▶P100-101,110-111,158-159
前衛の選手が相手のスパイクを自分のコート内に入れないよう阻止すること。

ブロード攻撃 ▶P70-71
アタッカーが左右にすばやく移動して、相手を惑わす攻撃法のこと。片足で踏み切ることから、ワンレッグともいう。

プッシュ ▶P86-87
スパイクを打つと見せかけて、ブロッカーの背後にボールを落とすプレーのこと。

平行スパイク ▶P62-63
ネットの白線に対して平行に上がったトス
（平行トス）を打ち込むこと。

ボールアウト ▶P163
ボールが区画外に出たり、コート外の設備な
どに当たったことを示す。

ボールイン ▶P163
ボールが区画線を含むコート内に入ったこと
を示す。

ボールコンタクト ▶P164
ブロックなどで、ボールが選手に当たってか
らコートの外に出ること。ワンタッチともい
う。

【マ行】
メンバーチェンジ ▶P161
コート内の選手と控えの選手が交代すること。
1セットにつき、6回行うことができる。

【ヤ行】
横回転サーブ ▶P128-129
ドライブを応用したサーブのことで、横方向
に回転をかけて打つ。ボールの中心ではなく、
やや外側をとらえるので右利きなら左方向へ、
左利きなら右方向に回転する。

【ラ行】
ラインアップシート ▶P150
ローテーションのチェックなどをするための
用紙。

ラリーポイント制 ▶P148-149
サーブ権にかかわらず、ラリーに勝ったチー
ムに得点が入り、サービスを継続する。レシ
ーブ側のチームがラリーに勝った場合は、1
点とサービス権の両方を獲得する。

リベロ ▶P22-23
サーブレシーブやスパイクレシーブといった
レシーブなど、後衛を専門に行うポジション。

ローテーション ▶P150-151
サーブ権を得たとき、選手が時計回りに1つ
ポジションを移動すること。ローテーション
によりサーバーの選手が入れ替わる。

【ワ行】
ワンタッチアウト ▶P88-89
相手ブロックの手にボールをあてて、コート
の外にボールを弾き出すプレーのこと。ブロ
ックアウトともいう。

【英数】
Aクイック ▶P64-65
センターの位置で行うクイック攻撃のこと。

Bクイック ▶P66-67
センターとレフトの間で行うクイック攻撃の
こと。

Cクイック ▶P68-69
Aクイックに対して、セッターのバックから
打つクイック攻撃のこと。

6人制 ▶P188-189
1チームにつき6人がコートに入って行うバ
レーボールのこと。交代要員は6人以内で、
前衛3人、後衛3人で構成される。1人のみリ
ベロを加えることが可能。

9人制 ▶P188-189
1チームにつき9人がコートに入って行うバ
レーボールのこと。交代要員は3人以内で、
前衛3人、中衛3人、後衛3人で構成される。

INDEXつき　バレーボール用語集

※本書で多用される用語については、
その用語を詳細に解説しているペー
ジを掲載しています。

授業や部活動など
あらゆるバレーボールの
シーンで活用しよう！

バレーボールの歴史と今

　バレーボールはテニスをヒントに、老若男女問わず楽しめるスポーツとして1895年にアメリカで発祥しました。当時はチームの人数も決まっておらず、集まった人を同数で2チームに分けてプレーしていました。

　日本に伝わったのは1908年で、アメリカでも1チームの人数は曖昧でした。そのため日本では、当初1チーム16人でプレーしていましたが、最終的に9人となり、9人制が浸透していったのです。

　1920年頃になるとローテーションルールや1チーム6人の6人制ルールが確立され、アメリカやヨーロッパでも6人制が国際式として採用されました。9人制が主流の日本は、世界各国と試合ができませんでしたが、国際基準に合わせるため6人制が導入され、現行のルールに近づいたのです。

　6人制と9人制にはそれぞれ特徴があり

ますが、共通していえることは、ボールを落とさないよう、密なコミュニケーションが必要になるということに変わりはありません。

そこから生まれるチーム内に信頼感、そして、仲間とボールをつないでいく楽しさを感じられるのが、バレーボールの一番の魅力といえるのではないでしょうか。

現在、バレーボールは学校体育の授業や部活動、ジュニア世代や社会人のクラブチームなど、老若男女あらゆるカテゴリーでプレーされるスポーツとなっています。

本書はバレーボールがうまくなるためのテクニックや勝ための戦術、練習法などを紹介しています。みなさんがプレーしているコートサイドで、お手本となるAR動画をチェックすればバレーボールがみるみる上達するでしょう。

順天堂大学男子バレーボール部

1951年の体育学部開設時より創設された、歴史あるクラブである。関東一部リーグに所属し、2009年に全日本大学男子バレーボール大会（インカレ）準優勝、2010年は優勝のほか、数々の大会で勝利をおさめている。国内の活動だけでなく、中国遠征をして交流協定校の北京体育大学と試合を行うといった国際交流も行う。また、大学の所在している地域の方々を対象としバレーボール教室を開催し、多くの人々へバレーボールの普及活動を行っている。

著者紹介

蔦宗 浩二
（つたむね こうじ）

順天堂大学スポーツ健康科学部スポーツ科学科コーチング科学コース先任准教授。2015年1月まで同大学バレーボール部監督。1959年神奈川県生まれ。順天堂大学体育学部卒業後、神奈川県立の高校教員になり、バレーボール部の顧問も務める。教員5年目で着任した横浜市にある釜利谷高校バレーボール部では、全国大会優勝6回という実績を残す。その後、順天堂大学で教鞭をとり同大学バレーボール部監督にも就任。2009年に全日本大学男子バレーボール大会準優勝、2010年優勝、2011年にはアジア太平洋カップに部員が選出され日本代表の優勝に貢献する。バレーボール技術の高い指導力と人材育成の手腕から、多くの全日本代表や実業団選手を輩出。信頼ある指揮官として慕われている。

動画のご利用について
・2021年3月以降、動画はWeb上の下記サイトでご覧ください。
〈学研出版サイト／本書ページ〉http://hon.gakken.jp/book/2380043200
※学研出版サイトhttp://hon.gakken.jp/にて、商品検索で、本書「みるみる上達！
　バレーボール　基礎からマスター」のページを開くことができます。

GAKKEN SPORTS BOOKS

みるみる上達！
バレーボール 基礎からマスター

2015年 3 月11日　第 1 刷発行
2021年12月 6 日　第 6 刷発行

著　者	蔦宗浩二	
発行人	中村公則	
編集人	滝口勝弘	
編集長	古川英二	
発行所	株式会社 学研プラス	
	〒141-8415 東京都品川区西五反田2-11-8	
印刷所	大日本印刷株式会社	

編集	株式会社ギグ
協力	勝又禎蔵
デザイン	田中宏幸
イラスト	都澤昇
撮影	柳太、曽田英介

●この本に関する各種お問い合わせ先
本の内容については、下記サイトの
お問い合わせフォームよりお願いします。
　　https://gakken-plus.co.jp/contact/
在庫については　Tel 03-6431-1250（販売部）
不良品（落丁、乱丁）については　Tel 0570-000577
　学研業務センター　〒354-0045 埼玉県入間郡三芳町上富279-1
上記以外のお問い合わせは　Tel 0570-056-710（学研グループ総合案内）

©Koji Tsutamune/Gakken Publishing 2015 Printed in Japan
本書の無断転載、複製、複写（コピー）、翻訳を禁じます。

本書を代行業者等の第三者に依頼してスキャンやデジタル化することは、
たとえ個人や家庭内の利用であっても、著作権法上、認められておりません。

複写（コピー）をご希望の場合は、下記までご連絡ください。
日本複製権センター http://www.jrrc.or.jp/　E-mail：jrrc_info@jrrc.or.jp
®〈日本複製権センター委託出版物〉

学研の書籍・雑誌についての新刊情報・詳細情報は、下記をご覧ください。
学研出版サイト　http://hon.gakken.jp/